Wilma Ellersiek
Berührungs- und Handgestenspiele

Wilma Ellersiek

Berührungs- und Handgestenspiele für Kinder zwischen 0 und 9 Jahren

Herausgegeben von Irmela Möller, Jürgen Möller
und Ingrid Weidenfeld

Verlag Freies Geistesleben

ISBN 978-3-7725-2662-6

2. Auflage dieser Ausgabe 2021
(4., durchgesehene Auflage)

Verlag Freies Geistesleben
Landhausstraße 82, 70190 Stuttgart
www.geistesleben.com

Einband- und Innenfotos: Charlotte Fischer
Zeichnungen: Friederike Lögters
Noten: Ingrid Weidenfeld
Druck: Himmer GmbH, Augsburg
Printed in Germany

Inhalt

Das Kind lebt noch mehr in seinem Ursprung. Es strebt in das Tagesbewusstsein hinein, aber sein Tagesbewusstsein ist fortwährend durchmischt vom Nachtschlaf, von dem heiligen Eintauchen in das Reich der Engel.
Wenn man Kinder schlafen sieht, hat man eigentlich immer das engelhafte Bild des ursprünglichen Menschen vor sich.
Kinder können ja so von ganzem Herzen schlafen, weil sie diese Engelseite der Welt noch «kennen».

Kurt von Wistinghausen

Grußwort

Seit Jahrzehnten bin ich mit dem Werk von Wilma Ellersiek tief verbunden. Es erscheint mir wie ein Keim, der für die Zukunft unserer Kinder große Bedeutung hat. In der heutigen Zeit wird das Kindeswesen oft tief gekränkt durch eine materialistische Lebenseinstellung, unsere heutige Bewusstseinslage und die gesellschaftlichen Verhältnisse. Frau Ellersiek hat – aus ihrer vertieften Erkenntnis des Wesens des kleinen Kindes – mit ihren Berührungs- und Handgestenspielen ein Gegengewicht geschaffen. Es entstehen wieder Räume, in denen das Kind leben und gesunden kann, und Eltern und Erzieher und alle, die mit Kindern zu tun haben, bekommen ein Handwerkszeug, das der Verantwortung für die Würde des Kindes entspringt.
Ich bin tief dankbar, dass ich diesen Impuls in vielen Kursen zum Wachsen bringen durfte und jetzt erlebe, wie er weltweit Früchte trägt. Ich freue mich über die Herausgabe des Werkes, das so lange der Veröffentlichung harrte, und wünsche ihm eine weite Verbreitung.

Klara Hattermann †, Januar 2001

Vorwort zur 3. Auflage

Als Wilma Ellersiek, die Urheberin all der hier veröffentlichten Spiele, in den Achtzigerjahren begann, «Liebkoschen» für das ganz junge Kind niederzuschreiben, konnte sich niemand vorstellen, welcher Beliebtheit sich diese Spiele dreißig Jahre später erfreuen würden. Ursprünglich sind sie gedacht für Kind und Mutter bzw. Vater, heute sind sie in vielen Kinderkrippen nicht mehr wegzudenken und werden von ErzieherInnen an die Kinder weitergegeben.
Die Kinder erfreuen sich an dieser zwar kurzen, aber doch ganz innigen Zuwendung, die ihnen beim Erleben eines solchen Liebkoschens zuteil wird. Hier, in der liebevollen Begegnung zweier Menschen, Bezugsperson und Kind, scheint die Zeit für einen Augenblick stillzustehen. Und – wen wundert es – kaum ist die zart berührende Zuwendung zu Ende, tönt es: «Noch mal!»
In den Bewegungsbeschreibungen wird vom «Erwachsenen» und von «der Erzieherin» zu lesen sein. Um unnötige Textverlängerungen zu vermeiden, sei hier angemerkt, dass das jeweils andere Geschlecht gedanklich immer mit dabei ist. In den meisten Fällen wird es eine weibliche Person sein, die sich die Spiele aneignet. Wünschenswert ist aber, dass sich auch Väter und Erzieher das eine oder andere Spiel zu eigen machen; die männlichen Pädagogen mögen sich also ebenfalls angesprochen fühlen. Denn nicht nur im häuslichen Rahmen sind diese Spiele ein großes Geschenk für die Kinder, sie sollten besonders in den Krippen, den Kindertagesstätten und in heilpädagogischen Einrichtungen Einzug halten.
Nun wünsche ich Ihnen viel Freude bei dem auf Gegenseitigkeit beruhenden Geben und Nehmen der Berührungsspiele!

Ingrid Weidenfeld

Vorwort zur 1. Auflage

Die hier vorgelegten Berührungsspiele oder «Liebkoschen» verdanken wir Frau Professor Wilma Ellersiek.
Sie wurde immer wieder gebeten, die Spiele in Buchform zu veröffentlichen, nachdem sie etwa zwanzig Jahre lang in kleineren und größeren Menschenkreisen an Interessierte, an Mütter und Väter weitergegeben und geübt wurden. Zahlreiche Kopien mit den oft handschriftlichen Darstellungen und genauen Hinweisen und Zeichnungen zu den Spielen wurden nach den Kursen ausgeteilt und ermöglichten so das weitere Üben und die Korrektur. Im Laufe der Jahre wurden auch von der Autorin kleinere und größere Veränderungen angegeben.

Das Erscheinen in Buchform hat Vorteile – die gediegene Darstellung und die Vollständigkeit –, aber es gibt auch Nachteile: Bisher wurden die handschriftlichen Darstellungen von Frau Professor Ellersiek an die Teilnehmer von Einführungs- und Übungsseminaren weitergegeben. Sie erhielten nur die Spiele, die zuvor geübt wurden. Das Üben unter anfänglicher Anleitung ist aber auch nach Erscheinen der Bücher wünschenswert, um die Spiele richtig zur Wirkung kommen zu lassen. Das Üben «im stillen Kämmerlein» bleibt uns weiterhin, nach Herausgabe der Bücher, nicht erspart. Die Inhalte wollen ebenso gründlich geübt sein wie eine Sonate für den Musiker. Es nützt nichts, wenn die Bücher im Schrank stehen und an den Spielen nicht gearbeitet wird oder wenn gar mangels Anleitung sich allzu viel Subjektives in das Spiel mischt.

Zur Entstehung

Die Autorin war von 1958 bis 1981 Professorin an der Hochschule für Musik und Darstellende Kunst in Stuttgart. Ihr eigentliches Arbeitsfeld war die Schauspieler-, die Sprecher-, die Rhythmikerausbildung und das Inszenieren von Aufführungen. Ganze Generationen von Rhythmikern, Schauspielern und Sprecherziehern hat sie zusammen mit ihren Kollegen ausgebildet.
«Auf der Höhe ihrer erfolgreichen Tätigkeit wendet sich Wilma Ellersiek mit der ihr eigenen Entschiedenheit, die keine Halbheiten zulässt, einem Arbeitsbereich zu, in dem keine spektakulären Erfolge zu erwarten sind: sie geht zu den kleinen Kindern!
Abseits aller Betriebsamkeit entwickelt sie im Schutze der Hochschule Spiele, Texte, Lieder und stellt sie in einen größeren Zusammenhang von ‹Spielkomplexen› für Mutter und Kind. Die Fantasiewelt der Vorschulkinder, die noch von den Urphänomenen der Schöpfung gespeist wird, wird nun ihre Welt. Hier kann sie alle Bewegungen, Klänge, Handgesten, Sprachgebärden, die ihr in überreichem Maße zur Verfügung stehen, auf den letzten einfachen Nenner bringen. … Das lässt sich nicht im ‹Handumdrehen› machen, das will genauso gründlich geübt werden wie etwa ein Präludium von Bach oder eine Sonate von Mozart.»[1]

Das Anliegen

Aus dem Umgang mit den Spielen und aus persönlichen Mitteilungen der Autorin wird deutlich:
Liebe schenken, Freude bringen, das Motto eigentlich aller Spiele, entspringt einem tiefen merkuriellen, das heißt therapeutischen Impuls, einer

Zeitnotwendigkeit angesichts der von Menschen gemachten Nöte unserer Kinder. Es ist ein merkurielles, therapeutisches Werk! Wie viele Künstler erlebte auch die Autorin den Heilbedarf in unserer Zeit und reduzierte ihr großes Können, stellte es in den Dienst unserer Kinder. In den Jahren 1967/1968 begann sie mit rhythmisch-musikalisch gestalteten Spielen in Mutter-Kind-Gruppen an der Musikhochschule, die ihr freie Hand gab und einen neuen Studiengang hierfür einrichtete, als Gegenkraft zu den einsetzenden «Frühlernprogrammen». Dieses geschah in Zusammenarbeit mit Klara Hattermann von der Internationalen Waldorfkindergartenvereinigung. Frau Hattermann schützte und ermutigte den noch jungen, pionierhaften und neuen Weg und Zugang zum Kind, denn wie alles Neue und Ungewohnte wurden auch die Berührungs- und Handgestenspiele argwöhnisch beäugt.

Frau Hattermann begann 1981/1982 den Impuls in die Welt hinauszutragen, fand begeisterte Teilnehmer ihrer Seminare, welche die Spiele zum Teil auch in fernen Ländern pflegten und in Kursen verbreiteten, nach Übersetzung ins Englische, Japanische und andere Sprachen.

Jedes Zeitalter hat seine eigenen Probleme, besonders die Kinder tragen die Folgen von Erziehungsunsicherheiten, Reizüberflutung durch Technisierung, zu wenigen nachahmenswerten Vorbildern, Bewegungsmangel, Bindungsverlust und Bindungsunsicherheit. Wilma Ellersiek beschränkte sich nicht darauf, Heilmittel aus dem schon vorhandenen Arsenal der Therapien aufzuwärmen, sondern sie schöpfte immer Neues, Ursprüngliches, am Wesen und an den Bedürfnissen der Kinder Abgelesenes und gab die Methode an, wie es weitergegeben, multipliziert werden kann, immer forschend, immer suchend. «Unzulänglich» empfand sie dennoch ihre Bemühung. Herbert Hahn ermutigte sie jedoch mit dem Hinweis von Rudolf Steiner: «Die geistige Welt nimmt Begeisterung stellvertretend für Reife.»

Innere und äußere Einstellung

Wenn auch der Schwerpunkt dieses Bandes auf dem ersten Jahrsiebt liegt, können die Spiele situationsgemäß allgemein «für kleine, große, junge, alte, gesunde, kranke, geschädigte und behinderte Menschenkinder» (Wilma Ellersiek) gemacht werden. In einer heilpädagogisch-ambulanten Praxis wurde zum Beispiel intensiv mit den Spielen gearbeitet und dabei erlebt, welch ordnende, harmonisierende und nachahmungsfördernde Wirkung von ihnen ausgeht. Einen besonderen Stellenwert hatten die Berührungsspiele oder «Liebkoschen», wie Wilma Ellersiek gerne sagte. Selbst sechs- bis siebenjährige Lausbuben konnten damit erreicht werden (zum Beispiel mit «Eia-beia-Backchen» oder mit «Bandel-Bandele»).

Wir erleben bei vielen Kindern große Sehnsucht nach einer objektiven liebevollen Berührung, nach Leiberfahrungen und Leibgrenzen, die ihnen helfen, sich ganz in ihren Körper einzuleben, bis in die Fingerspitzen und Zehen hinein. Erst wenn das Kind sich in seinem Körper wohl fühlt, gut inkarniert ist, kann es in gesunden Kontakt zur Außenwelt treten, und wenn liebevolle, behutsame Berührungen in den Leib wie eingeprägt sind, kann es auch leichter behutsam pflegend mit Pflanzen, Tieren, Menschen und Dingen seiner Umgebung umgehen. Wir pflegen mit den Berührungsspielen vor allem den Tastsinn, den Lebenssinn, den Eigenbewegungs- und den Gleichgewichtssinn. Von deren guter Ausbildung hängt viel für das spätere Leben ab. Rudolf Steiner wies schon früh auf die

Bedeutung der Pflege der Sinne hin. Heute wird das fundamental Wichtige dieser basalen Sinne mehr und mehr erkannt.
Im ersten Lebensjahr sind es vor allem die täglich wiederkehrenden pflegerischen Maßnahmen, die dem Kind Sicherheit und Wohlgefühl vermitteln, wenn sie in heiterer, ruhiger Gesinnung durchgeführt werden.* Wenn man dann später mit den Berührungsspielen beginnt, so geschieht es liebevoll heiter und sanft, im Erspüren des Bedürfnisses des kleinen Kindes, geduldig und sensibel auf das eingehend, was vom Kind kommt. Im dritten Lebensjahr ist dann eine wachsende Offenheit zu erleben, zunächst vielleicht über einen Umweg. Die Mutter macht zum Beispiel das Spiel zuerst bei sich selbst, einem Geschwisterkind oder der Puppe und wartet ab, bis das Kind auch möchte. Bei sehr empfindlichen oder autistischen Kindern verzichtet man zunächst (oft lange Zeit) auf die direkte Berührung, macht die Gesten über oder um das Kind herum mit einer Art Luftpolster. Arbeitet man mit Kindern im Schulalter, bis in die 2. oder 3. Klasse hinein, so ist ein geschützter Raum für die Anwendung der Berührungsspiele notwendig, eine Einzelsituation. Dann lassen Kinder die Berührungsspiele gerne zu, die sie vielleicht in der Gruppe als «Babykram» abwerten würden, und erfahren eine Nachreifung und Verwandlung. Aber auch wir Erwachsenen erfahren beim Üben der Berührungsspiele eine Wandlung. Wir finden zur inneren Ruhe und Konzentration, wenn wir uns mit unserem ganzen Wesen ichhaft mit den Bewegungen verbinden, sie achtsam führen, Wärme und Liebe durch unsere Arme in die Hände strömen lassen, unsere Emotionen ablegen und uns in einen weiten Raum hineingestellt fühlen, der uns mit der Welt verbindet, aus der das Kind zu uns gekommen ist. Dann dürfen wir Mittler sein, unsere Berührungen bekommen eine andere Qualität, und wir schaffen für das Kind einen Raum auf Erden, in dem es wachsen und gedeihen kann.

Liebe Leserin, lieber Leser,
Sie haben jetzt sicher Lust, für sich eine Auswahl zu treffen und mit dem Üben anzufangen. Den Spielen sind noch anspruchsvolle Texte mit grundsätzlichen Überlegungen vorangestellt. Darin spricht Frau Ellersiek ihre Gedanken über das Wesen der Berührung aus, die innere Haltung und die sprachliche Gestaltung, um die der Ausführende sich bemüht. Diese Texte nur einmal zu lesen reicht sicher nicht aus. Die Erfahrung hat gezeigt, wie das Gedankengut sich in der Wiederholung immer mehr entschlüsselt und verlebendigt, uns immer besser einstimmt, um sachgemäß mit den Spielen umzugehen, so wie sie von ihrer Schöpferin gedacht sind.
Auch bei der Arbeit in der heilpädagogischen Praxis, wie es weiter oben beschrieben ist, waren die Texte Leitfaden und sind immer wieder gelesen und überdacht worden, ebenso als innere Einstimmung zu Kursen und Seminaren. Aus dieser Kraft heraus war es dann möglich, den Kindern die Hilfe zu bringen, die sie heute brauchen.

Dr. Jürgen und Irmela Möller *Februar 2001*

* Der Ansatz von Emmi Pikler, *Friedliche Babys, zufriedene Mütter* (Herder Verlag) stellt die hier angedeutete Pflegehaltung dar, welche auch in Kinderheimen Hospitalismus vermeiden hilft. Der Ansatz stützt eindrucksvoll die Aussagen von Wilma Ellersiek.

Die Liebkoschen

Liebkoschen sind kleine, rhythmisch-musikalisch gestaltete Finger-, Hand- und Körperberührungsspiele, die die Mutter oder der Vater dem Kind angedeihen lassen, teilweise bereits für das wenige Wochen alte Kind geeignet. Diese kleinen Spiele, auch in Verbindung mit den Wiegenliedern in der Quintenstimmung (siehe den Band *Wiegen- und Ruhelieder* von Wilma Ellersiek), ermöglichen dem kleinen Kind eine freudige und vor allen Dingen angstfreie Begegnung mit der es umgebenden Welt. Somit können diese Spiele eine wesentliche Hilfe sein auf dem beschwerlichen Weg ins Erdendasein.
Das Kind inkarniert sich, indem es sich an der physischen Welt stößt. Als Ergänzung zu diesem harten Vorgang des «Sich-Stoßens» muss aber auch die zarte, behutsame, «liebkosende» Berührung erfahrbar werden, dadurch kann sich das Kind wie eingeladen fühlen, es kann sich voller Zutrauen und voller Vertrauen mit der Erdenwelt verbinden.
Die Erfahrungen behutsamer, behütender Gesten entwickeln im Kind die Fähigkeit des zarten, ja des zärtlichen Umgangs mit Dingen, mit Pflanzen, Tieren und Menschen, diese Erfahrungen der liebkosenden Berührungen schaffen die Grundlage für die Ehrfurcht vor dem Leben und für die Bereitschaft, es zu beschützen und zu bewahren.

Wenn ein Mensch einen anderen Menschen berührt, können damit sehr selbstsüchtige Empfindungen zum Ausdruck gebracht werden, zum Beispiel Zorn oder Verlangen. Eine Berührung kann aber auch wie eine Bestätigung oder eine Versicherung wirken, sie kann zum Ausdruck bringen, dass wir den anderen akzeptieren und seine Daseinsberechtigung anerkennen. Der Mensch hat das natürliche Bedürfnis, von jedem, mit dem er Umgang hat, als Individuum anerkannt zu werden.
Von Kindheit an unterscheiden sich die Menschen sehr in ihrer Bereitschaft, andere zu berühren oder selbst berührt zu werden. Mütter oder Väter, die ihrem Kind gegenüber Berührungen ausweichen, können dauerhaften Schaden anrichten, während sie andererseits in der Lage sind, für das Kind durch eine zarte Berührung bei tiefem Schmerz oder einem Schock helfend und heilend zu wirken.
Nicht von ungefähr gibt es auch bei allen Völkern Riten, die mit dem Auflegen der Hand verbunden sind, zum Beispiel das Erteilen des Segens durch Handauflegen auf den Kopf.

Die deutsche Sprache hat für die zarte Berührung zwei Ausdrucksweisen. Es gibt das Wort «kosen» und das Wort «schmusen». Schon der Wortklang macht den Unterschied klar. Man muss lernen, ein Gespür dafür zu entwickeln, wie in dem Wort «kosen» etwas von dem behutsam Zurückhaltenden und in dem Wort «schmusen» etwas Besitzergreifendes zum Ausdruck kommt.
Die Art der Liebkoschen, die ich meine, sind von der Ehrfurcht bestimmte Berührungen, die der Erwachsene dem kleinen Kind zukommen lässt.
Die Zuwendung des Erwachsenen zum Kind ist eine selbstlose, behütende, umhüllende, für sich selbst nichts in Anspruch nehmende. Es muss dazu von dem Ausführenden eine Zurückhaltung geübt werden, um den Raum von egoistischen Gefühlen, von Selbstgenuss freizuhalten.

> Liebkosung aber ist Wohnung und Obdach.
> Ich liebkose das Kind, um es zu behüten
> und es erhält dadurch ein Zeichen
> auf dem Samt seines Gesichtes.
>
> *Antoine de Saint-Exupéry*

Die rhythmisch-musikalisch gestalteten Berührungs-Sprechspiele müssen so umgesetzt werden, dass sie frei von subjektiven Emotionen und Meinungen bleiben. Der Berührungsvorgang ist eine objektive, überpersönliche, reine «Motion» (Bewegung). Es gilt sich zu orientieren an dem geistigen Wesen von Bewegung und Sprache. Das pulsierend Strömende (Rhythmus), das atmend Schwingende (Klang) und die darin wirkenden kosmischen Kräfte und Ordnungen sind die Grundlagen der Gestaltung. Die zärtliche, behutsame Liebkosung durch den Menschen erhält so eine höhere Qualität und tiefer gehende Wirkung; sie wird zur selbstlosen behütenden Gebärde, die einen Schon- und Schutzraum für die Kindheitskräfte und das Kindeswesen zu schaffen vermag. Es ist eine andere Ebene als die der natürlichen Berührung, sie ist religiöser Art. Durch die künstlerisch gestalteten Liebkoschen oder Erzählchen, wie ich sie auch gerne nenne, mit gereimten Versen und Silbenfolgen kann der notwendigen Objektivität Rechnung getragen werden und religiöses, das heißt geistdurchwirktes Tasterleben vermittelt werden, das ein «Gottgefühl» hervorzurufen vermag.

Man muss in der Erziehung des kleinen Kindes darauf aufmerksam machen, dass das Kind nicht nur seine irdische Umwelt hat, sondern auch die geistige «Welt», das Kosmische, das Himmlische. Die kosmisch-himmlischen Kräfte strömen durch die selbstlose Berührungsgeste mit herein, dringen ein, durchdringen den ganzen Leib des Kindes, je mehr man sich durch sein Verhalten zum Boten dafür machen kann und seine subjektiven Gefühle und Meinungen zurückhält, Verzicht übt. Es kann dann der Tastsinn dem kleinen Kind kosmische Ordnungen erfahrbar machen.

Mit der Geburt erhält das Kind einen unfertigen Leib. So ist es in den ersten sieben Jahren seines Lebens ganz verwoben in den Schöpfungsprozess der Organbildung des Leibauf- und -umbaues. Dieser Schöpfungsprozess, «Schöpfungswalten», ist Engelwirken (Geister der Form) und vollzieht sich in der Leibwerdung. In diesen ersten sieben Jahren ist das Kind leiblich durch und durch fromm. Durch die selbstlose Berührung von menschlicher Hand und Stimme kann das Kind leibliches Wohlbehagen, welches die künstlerisch gestalteten Liebkoschen in ihm hervorrufen möchten, in seiner reinsten Form erfahren, ungetrübt durch menschliche Selbstsucht, denn leibliche Berührung tendiert zum selbstsüchtigen Genießen. Diese Vorgänge bleiben im Unbewussten, es wird dabei die leibliche Grundlage gelegt für ein späteres seelisches und geistiges «Gottvertrauen».

Der Erwachsene, dem das Kind anvertraut ist, kann sich jedoch in diesen aus dem Alltag hervorgehobenen kurzen Momenten spezieller berührender Zuwendung immer wieder bewusst werden und sich bewusst machen, dass er sich im Bemühen um die objektiven, überpersönlichen Berührungsgesten in besonderer Weise zum Mithelfer des Engelwirkens machen kann. Er wird daraus Kraft gewinnen können für den Auftrag, in der Erziehung, Helfer des Kind-Engels zu werden.

Die sprachliche Gestaltung der Spiele

Für alle rhythmisch-musikalisch gestalteten Liebkoschen und Körperberührungsspiele ist der Umgang mit der Sprache von großer Wichtigkeit. In diesen Spielen tritt die Wortbedeutung in den Hintergrund, dem Kind sollte ein rhythmisiertes, musikalisiertes und dynamisiertes Sprachgeschehen angeboten werden. Die Plastik der Laute, die «Gebärde» der Worte, der rhythmisch-pulsierende Sprachfluss, das melodische Klingen, die Vielfalt der Klangfarben, die Differenzierung der Klangstärken sind es, auf die beim Üben die Aufmerksamkeit gelenkt werden muss.
Es ist ein dem Singen nahe stehendes, aus der Prosa herausgehobenes Sprechen. Die üblichen Rufterzen sind zu vermeiden, durch sie entsteht eine unerwünscht stereotype Sprachmelodie. Stattdessen orientiert sich der Klang der Worte an der Sprachgebärde, es kann dadurch eine Tonhöhen- und Klangvielfalt entstehen, deren Notation gar nicht möglich wäre. Für das Kind wird auf diese Weise ein tonhöhenreiches Klangereignis und ein objektives musikalisches Geschehen ohne Dramatisierung erlebbar.
Im Vordergrund steht also das schöpferische, künstlerische Wesen der Sprache und nicht die Begriffe. Das Kind erfährt und erlebt im Eintauchen in den stattfindenden Lautbildungsprozess und im Mitvollziehen der Wortgebärden die Seinsform der Sprache, die noch Urgebärde (Bewegung) und nicht abstrahierter Begriff ist. Auch noch nicht, oder nur anfänglich, kann die Sprache «beschreibendes Sprachbild» sein.
Das Kind kann sich in diesem prozessualen Geschehen die Sprache ganz einverleiben und erfährt so eine umfassende, tiefreichende geistige Bildung. In dieser beschriebenen Form haben das Sprechen und die Sprache schöpferische Funktion. Der Organismus des Kindes wird plastiziert, und die Grundlagen für ein kreatives, fantasievolles Umgehen mit der Sprache werden geschaffen.

Die Art und Weise, wie die Mutter oder der Vater mit dem Kind spricht, hat in jedem Falle Vorbildcharakter. Jedes gesunde Kind lernt über die Nachahmung von seinen Vorbildern. Klara Hattermann beschreibt in ihrem hier folgenden Aufsatz in wunderbarer Weise, wie sich das Kind nachahmend in die Welt einlebt.

Nachahmend lebt sich das Kind in die Welt ein[2]

Betrachten wir das kleine Kind nach der Geburt und während der ersten Lebensjahre in Bezug auf seinen physischen Leib und seine seelisch–geistigen Fähigkeiten: Für die Erdenaufgabe unfertig und hilflos tritt es in die Welt ein. Der Kopf mit seinen noch nicht geschlossenen Fontanellen ist im Verhältnis zum Körper groß. Die Gliedmaßen sind unausgebildet, der Leib ist nicht durchgestaltet; selbst die Organe haben noch nicht ihre bleibende Form. Durch die Rückenlage in der Horizontalen sind die Beinchen und Händchen noch zum Himmel orientiert, im Gegensatz zum Tier, das im Allgemeinen seine Gliedmaßen zur Erde gerichtet hat und sie bald nach der Geburt zum Aufstellen auf die Erde und zum Gehen benutzt. Die Strampelbewegungen des Säuglings sind spontan, unkontrolliert, unkoordiniert, nicht zielgerichtet. Auch das Erlernen der Sprache braucht eine lange Entwicklungszeit. Die seelischen Regungen

sind zunächst weitgehend körpergebunden. Das Bewusstsein befindet sich noch im Dämmerzustand.
Wie findet das Kind nun in die Erdenwelt hinein? Wie lernt es, sich der irdischen Welt anzupassen? Können wir als Eltern oder Erzieher zum Beispiel Gehen und Sprechen lehren? Unsere Machtlosigkeit wird uns erst bewusst, wenn ein Kind geboren wird, das sich nicht zum Gehen aufrichtet und nicht zum Sprachgebrauch kommt.
Kinder sind für uns lebendige Rätsel. Sie erscheinen uns unvollkommen aus unserer Erdensicht. Andererseits empfindet jedes Elternpaar, das mit Liebe und Einfühlungsvermögen sein Kind pflegt und umhegt, die große Ausstrahlungskraft, die von ihm ausgeht. Staunend, offen und mit Hingabe lebt es sich in die Welt ein; vorbehaltloses Vertrauen schenkt es den Menschen, und in seinen Lebensäußerungen zeigt sich ein kräftiger Wille, der den ganzen Leib impulsiert.
Ein Beispiel möge das veranschaulichen: Die Mutter tritt an das Bettchen eines mehrmonatigen Säuglings. Sie lächelt das Kind an; in ihrer Stimme klingt Freude und Glück über das ihr anvertraute Menschenkind mit. Das Kind antwortet nicht nur mit einem Lächeln; der innere Kontakt mit ihr teilt sich seinem ganzen Leib mit. Die Glieder nehmen das wohlige Gefühl auf; sie beginnen freudig zu strampeln; die Lippen formen sich zu Lauten. Die Sprache und liebevolle Hinneigung der Mutter teilen sich dem Kind mit, schließen es auf. Es nimmt noch nicht den Inhalt der Worte begrifflich wahr; aber die Liebe und Freude wecken unmittelbar die Intensität und Aktivität des Willens und wirken damit in dem noch weichen und plastizierbaren Leib organbildend. Die Sprachwerkzeuge, zum Beispiel der Kehlkopf, werden ausgeformt, und der Atem vertieft sich.

Das Kind braucht Geborgenheit

Geborgenheit und Zuwendung legen in dem Kind latente Kräfte frei, die in ihm schlummern und geweckt werden wollen. Es sind seelisch-geistige Kräfte, die seinem individuellen Wesen angehören. Der Mensch urständet im Geistigen (man könnte auch sagen: im Göttlichen oder im himmlischen Bereich). Von dort bringt das Kind eine Kraft mit, die am intensivsten im frühen Alter ist, zur Wirksamkeit kommt, wenn es noch träumend der Welt hingegeben ist, und gegen das achte Jahr hin abnimmt: es ist die Nachahmung. Durch diese werden die Grundlagen des Menschseins erworben:

- die Orientierung im physischen Raum, das Gehen;
- die Verbindung von Mensch zu Mensch im seelischen Raum, die Sprache;
- das Erfassen erster Gedankenzusammenhänge im geistigen Raum, das Denken.

Das Kind lernt diese Fähigkeiten ohne eine bewusste intellektuelle Anweisung. Es würde sie aber niemals erlangen ohne das Vorbild des Menschen. Nur an dem Wesen dieses Vorbildes kann sich das Ich des Kindes orientieren und entfalten.
Das Kind hat ein außerordentliches Interesse an aller Bewegung in der Umwelt, vor allem an den Tätigkeiten des Menschen. Es nimmt in einer Gesamtwahrnehmung aus den Gebärden und aus der Mimik unmittelbar das Wesenhafte auf und ahmt es in genialer Weise nach. Es lebt noch in einer Einheit mit der Umwelt.
Zur Verdeutlichung möge die nachfolgende Kinderbeobachtung dienen: Ein Möbelträger kommt mit einer schweren Kiste in die Wohnung. Der dreijährige Bub steht staunend neben der Mutter und verfolgt hingegeben das Tragen der Last und wie der Arbeiter die Kiste auf den Boden stellt. In den nächsten Tagen spielt der

Junge nur noch Möbelträger. Er sucht sich einen Pappkarton (dieser ist leicht und ohne Inhalt), hebt ihn auf die Schulter und ahmt bis in die Muskelspannung die Geste des Trägers nach: den gekrümmten Rücken, die Schwere des Schrittes, den angespannten Gesichtsausdruck und schließlich die Erleichterung des Abstellens. Dann folgt noch das Abwischen des Schweißes mit dem Handrücken.

In der weiteren Entwicklung des Kindes nach dem dritten Lebensjahr erwachen neue Fähigkeiten, die sich als Fantasiekräfte offenbaren. Diese leben sich vor allen Dingen im Spiel des Kindes aus. Sie werden von innen her der Außenwelt entgegengesetzt. Auch das fantasievolle Spiel beruht auf Nachahmung; aber es werden die Tätigkeiten der Umwelt nicht nur unverwandelt übernommen, sondern das Kind wird selbst schöpferisch, schlüpft in die Rolle von Mensch und Tier und imitiert auch technische Bewegungsvorgänge. Es verwandelt die Dinge. Was kann zum Beispiel ein Tuch nicht alles sein: ein Rock zum Verkleiden; ein See, auf dem die Schiffe fahren; geknotet wird es zur schönsten Puppe.

Dieses sich Neu-Verbinden mit der Welt schafft Freude, Sympathie für das irdische Dasein und Lebenslust. Schöpferische Kräfte sind geistige Kräfte, die am Kind bilden, die noch nicht durch intellektuelles Denken abgelähmt sind und unmittelbar in das Handeln einfließen. Das Spiel ist dem Kind heiliger Ernst, aber es ist nicht zweckgebunden wie die Arbeit des Erwachsenen. Das Kind braucht Freiraum, um in seiner Umgebung ungestört individuell tätig sein zu können und um seine Eindrücke auf kindliche Weise zu verarbeiten. An der Auswahl der Motive und der Intensität des Handelns wird die Eigenheit der kindlichen Individualität erlebbar.

Warum finden wir heute so viele Kinder, die mit drei Jahren schon gesundheitliche Schäden haben, Aggressionen zeigen, in ihrer Motorik gestört sind, ängstlich und scheu der Welt gegenüberstehen, die nicht spielen können und passiv als Zuschauer die Geschehnisse an sich vorbeiziehen lassen?

Oft haben Erwachsene heute wenig wirkliches Verständnis für das kleine Kind. Ihre Erkenntnisse und ihr Handeln sind häufig durch eine materialistische Weltauffassung geprägt. Bequemlichkeit, Egoismus und Unzufriedenheit sind vielfach das Resultat und werden ungewollt auf die Kinderstube übertragen. Möglichst schnell möchte man das Kind auf die unheile Welt vorbereiten.

Nur in einem Raum der Geborgenheit, der dem Kind Sicherheit, Liebe und Wärme gibt, kann die Fähigkeit der Nachahmung in gesunder Weise zur Wirksamkeit kommen. Der Verlust einer solchen Hülle führt zum Versiegen dieser Kraft und damit zur Lähmung schöpferischer Aktivitäten.

Es sind heute kinderfeindliche Tendenzen am Werk, die den Kindern die schützende Hülle entziehen. Spielzimmer die mit fertigen technischen Spielzeugen und Apparaten überladen sind, lassen der Fantasie keine Entfaltungsmöglichkeiten und geben keine Anregung, schöpferisch tätig zu werden. Deshalb sollte das Spielzeug einfach sein. Auch von Erwachsenen ausgedachte Lernspiele sind in diesem frühen Kindesalter völlig fehl am Platze, da sie zu frühen intellektuellen Leistungen herausfordern und damit die vitalen Lebens- und Wachstumskräfte des Kindes beeinträchtigen. (…)

Aus dem oben Geschilderten können wir ablesen, dass sich das Kind am Menschen orientieren muss. Als Erwachsene sind wir daher aufgerufen, ihm durch unsere Lebenshaltung und innere Einstellung ein würdiges Vorbild zu geben. Ungeheure Anstrengungen sind in unserer Zeit notwendig, um den schädigenden

Einflüssen auf das Kind Positives entgegenzustellen. Dazu gehören: Bemühungen um Selbsterkenntnis und Selbsterziehung, Ehrfurcht vor dem geistigen Ursprung des Menschen, Streben nach Erkenntnis der menschlichen Wesenheit und der Entwicklungsgesetze von Leib, Seele und Geist. Wesentlich ist auch eine künstlerische Betätigung. Durch diese wird unter anderem ein neues Verständnis für das lebensvolle Spiel auch im Erwachsenen entwickelt, und ein Empfinden für das Werdende im Kind vermag sich zu entfalten. (…)

Klara Hattermann

Bewegung und Berührung

Wie aus den Ausführungen Klara Hattermanns deutlich hervorgeht, hat das kleine Kind Interesse an allem, was sich in seiner Umgebung bewegt. So verfolgt es aufmerksam alle Tätigkeiten der Menschen in seinem Umfeld. Da es sich an den Bewegungsvorbildern orientiert, sollten sich die Erwachsenen mit Bedacht an das Erlernen der Gebärden zu den rhythmisch-musikalisch gestalteten Liebkoschen, wie Wilma Ellersiek ihre Berührungsspiele benannte, begeben. Die Angaben zu den Berührungen sollten dem Wesen nach stimmig umgesetzt werden.

Generell gilt hier, dass man die Spiele unbedingt mit warmen Händen dem Kind «schenkt». Die Bewegungen und die Berührungen sollen weich und fließend sein; dabei ist es für das Wohlfühlen des Kindes wichtig, es nicht zu drehen oder seine Hand-, Fuß- und Körperhaltung zu ändern. Je jünger das Kind ist, umso einfühlsamer muss es der Erwachsene während des sehr zarten Berührens wahrnehmen und gegebenenfalls seine Zuwendung anpassen. Besonders bei behinderten oder kranken Menschen jeder Altersstufe ist große Sorgfalt gefordert.

Spiele, die den Kopf-Brust-Bereich berühren – dieser ist besonders empfindlich –, sollten erst dann an den Kindern gemacht werden, wenn sie sich selbst mit «ich» benennen. Erlebt ein Kind, das noch unter zwei ist, am älteren Geschwisterkind ein Kopfberührungsspiel, kann es durchaus sein, dass es auch danach verlangt; in diesem Falle kann man bedenkenlos auch das junge Kind damit «beschenken».

Beim Übergeben des «Geschenks», also wenn der Erwachsene ein Berührungsspiel mit dem Kind spielt, sollte Folgendes beachtet werden: Das Wesentliche sind die Bewegungen der berührenden Hände; der Blick und die Mimik

des Ausführenden treten in den Hintergrund. Sprache und Bewegung verschmelzen zum Einheitsakt. Das bedeutet: Jede Bewegung muss rechtzeitig vorbereitet sein, damit die Sprache nicht vorauseilt. Hilfreich für belebte, natürlich wirkende Gebärden ist das innerlich erzeugte Bild des jeweiligen Phänomens.
Je deutlicher die Wesensmerkmale vor dem inneren Auge stehen, umso stimmiger wird eine dem vorgestellten Wesen gemäße Bewegung gelingen.
Ein weiterer wichtiger Faktor für das Gelingen ist die Zeit. Die Kinder haben noch alle Zeit der Welt, deshalb ist es für den Erwachsenen wie für das Kind erholsam, wenn die Spiele in aller Ruhe ausgeführt werden. Die beruhigende Wirkung erhöht sich dadurch enorm. Mehrfache Wiederholungen in weitgehend ähnlicher Spielart geben dem Kind zudem ein Gefühl von Geborgenheit.

Viele der hier gesammelten Berührungsspiele sind Urbilder für das freudige Kennenlernen über die Selbstwahrnehmung des bedeutungsvollsten Erkenntnis-, Handlungs- und Ausdrucksorgans des Menschen: der Hand mit ihren Fingern. Das Wachstum und die Strukturierung des Brocaschen Sprachzentrums und damit die Fähigkeit des aktiven Sprechens werden durch die Berührung der Finger, speziell der rechten Hand, gefördert. Darüber hinaus sind die Spiele als sanfte Inkarnationshilfe hervorragend geeignet. Je behutsamer die Berührungen ausgeführt werden, desto wirksamer sind sie. Bei besonders empfindsamen Kindern oder bei Autismus darf man kaum berühren oder muss sogar eine Luftschicht zwischen dem Körper des Kindes und der eigenen Hand lassen. Aber es gibt auch Kinder, die kräftige Berührungen lieben. So ist der Erziehende gefordert, sich individuell auf das jeweilige Kind einzustellen.

Hinweise zur Handhabung und zur Gliederung

In den Spielanleitungen finden Sie Abkürzungen für die Finger und die Zehen:
D = Daumen
Z = Zeigefinger
M = Mittelfinger
R = Ringfinger
K = kleiner Finger

Für die Zehen an den Füßen stehen Zahlen:
1 = der große Zeh
5 = der kleine Zeh
Die Zahlen 2, 3 und 4 bezeichnen der Reihe nach die dazwischenliegenden Zehen.

Die Fußberührungsspiele können sowohl am nackten als auch am bestrumpften Fuß durchgeführt werden.

Die Anordnung der Spiele:

Die beiden ersten Spiele dieses Buches wenden sich an die werdende Mutter. Sie geben Anregungen zur Kontaktaufnahme mit dem Ungeborenen und helfen auch der Mutter, in eine gelassene, freudige Stimmung zu kommen. Eine frohe, gesunde Verbindung zum Kind kann entstehen.
Es folgen kleine Sprüche für das zu früh oder für das krank geborene Kind.
Weiter geht es mit Hand- und Fußberührungsspielen, über die sich schon das sehr junge Kind freut.
Daran schließen sich Spiele an, die mehrere Bereiche des Körpers, also Füße, Waden, Knie, Bauch usw., mit einbeziehen.
Der Kopf-Brust-Bereich, für den das Kind erst ab etwa zweieinhalb Jahren empfangsbereit wird, macht dann den letzten Teil der Berührungsspiele aus.

In dem sich daran anschließenden Kapitel finden sich Selbstberührungsspiele. Bei ihnen führt der Erwachsene alle Bewegungen an seinem Körper aus, und das Kind kann nachahmend mitspielen.
Die letzten vier Spielchen sind einem eigenen Themenbereich zugeordnet; es handelt sich hier um Armhalte- und Armtrageverse.

Sprüche und Spiele für die werdende Mutter

Du willst kommen

(In Erwartung)

Hab' es vernommen:
Du willst kommen!

Willst kommen hernieder
zur Erden,
mein herzliebes Kindlein
zu werden.

Hab' es vernommen:
Du willst kommen!

Ich freue mich
inniglich!

Mein Kind,
ich erwarte dich!

Spielanleitung

Text	Gebärden
	Ausgangslage: Die werdende Mutter liegt mit dem Rücken auf einer warmen Unterlage. Damit die Beine entspannt sind, eine Rolle unter die Kniekehlen legen. Falls notwendig, eine flache Unterlage unter den Kopf geben.
1 Hab' es vernommen:	1 Die Arme leicht anheben, Hände zum Himmel geöffnet. Falls es zu ermüdend ist, können die Oberarme auf den Boden aufgelegt werden.
2 Du willst kommen!	2 Die Hände zu sich hinbewegen, Arme dabei etwas anheben.

3 Stumme Bewegung:	3 Die Arme (Hände) höher heben, sodass sie sich wie eine große Schale zum Himmel hin öffnen.
4 Willst kommen hernieder zur Erden,	4 Die Hände im Bogen zur Mitte herunterführen, bis die herunterhängenden Fingerspitzen auf die Brust deuten, sie aber nicht berühren.
5 mein herzliebes Kindlein zu werden.	5 Die Hände waagerecht (Innenfläche zum Körper) zum Bauch herunterführen und bei «werden» behutsam auflegen. Ein Weilchen so liegen lassen.
6 Hab' es vernommen: Du willst kommen!	6 Gleiche Gebärde wie bei 1/2 (siehe oben)
7 Ich freue mich inniglich!	7 Die Hände auf die Brust (Herzgegend) legen.
8 Mein Kind,	8 Die Hände waagerecht zum Bauch führen, ohne den Körper zu berühren. Bei «Kind» behutsam auflegen und das Kind darunter spüren.
9 ich erwarte dich!	9 Die Hände vom Leib lösen und mit dem Handrücken auf den Boden auflegen. Eine Weile mit den zum Himmel geöffneten Händen, wie eine Empfangende, so liegen, dann:
10 stumme Bewegung	10 Die Hände langsam und behutsam wieder auf den das werdende Kind umhüllenden Leib legen und sprechen:
11 – – – erwarte dich!	11 Die Hände ruhig liegen lassen.

Es ist wichtig, sich für jede Bewegung und Berührung Zeit zu lassen und dem Gesagten nachzuhorchen, sodass sich eine Begegnung von Mutter und Kind vollziehen kann. Die Mutter sollte sich viel Zeit für ein tiefes, gelöstes Durchatmen gönnen.

Sprüche für Kinder im Brutkasten und für behinderte Kinder

Mit meinen Händen

Mit meinen Händen
decke ich dich zu.

Mit meinen Händen
hülle ich dich ein.

Liebes gutes Kindelein,
in meine Liebeshülle
schmiege dich hinein,
Du sollst darin geborgen sein.

Zwei Möglichkeiten, das Kind anzusprechen:

a) Die Hände über den Brutkasten halten. Man kann die Hände auch oben oder seitlich auf den Brutkasten auflegen.

b) Das Kind auf dem Wickeltisch oder auf dem Schoß liebevoll mit den Händen umhüllen.

Wachsen und Gedeihen

Ich schaue lieb mein Kindlein an,
will helfen, dass es wachsen kann.
Ganz lieb will ich ansehen
die Füße mit den Zehen.

Die Beinchen mit den Knien.
Den Rücken mit dem Pöchen.
Den Brustkorb und den Bauch.
Hals und das Köpfchen auch.

Lippen und die Öhrchen,
Nase und die Äugelein.
Schultern und die Ärmchen.
Hände mit den Fingerlein.

Das ganze liebe Kind
möge wachsen und gedeihn.
Die Engel rufe ich herbei,
damit mein Kind behütet sei.

Dieser Spruch ist eine Hilfe für das Kind und die Eltern durch liebevolles Anschauen des Kindes. Eine «Berührung» findet durch den Blick statt.

So wie du gekommen, wirst du angenommen

Ich schau den zarten Körper an
und seh, es fehlt etwas daran.

Doch wie du bist, so lieb ich dich.
Ich liebe dich ganz inniglich.

Mein liebes Kind, wie du gekommen,
so wirst du von mir angenommen.

Will dich pflegen, will dich hegen.
Will dir helfen, hier auf Erden
Mensch zu werden.

Trauer und Zweifel, die in mir sind,
sie helfen dir nicht, du armes Kind,
ich muss sie überwinden,
in mir die Kräfte finden,
den schweren Weg mit dir zu gehen,
der für uns beide ausersehen.

Will den Engel bitten: Allezeit
uns zu geben sein Geleit.

Auch bei diesem Spruch findet eine «Berührung» durch den liebevollen Blick statt.

Rhythmisch-musikalisch gestaltete Hand- und Körperberührungsspiele

Alle fünf

Das ist der Dicke!
Das ist der Spitze!
Das ist der Lange!
Das ist der Feine!
Das ist der Kleine!
Alle fünf sind deine!

Spielanleitung

1 Das ist der Dicke!
(Daumen)
Das ist der Spitze!
(Zeigefinger)
Das ist der Lange!
(Mittelfinger)
Das ist der Feine!
(Ringfinger)
Das ist der Kleine!
(Kleiner Finger)

1 Beim Daumen beginnend, die Finger der Reihe nach berühren, indem man das oberste Fingerglied mit möglichst vielen Fingern der eigenen Hand behutsam anfasst und beim Nennen des jeweiligen Namens etwas zurückbiegt. Die Bewegungen *und die Berührungen* sind leicht und luftig.

2 Alle fünf sind dei –

2 Beim kleinen Finger beginnend, der Reihe nach zart auf die Fingernägel tupfen:
Al – le fünf sind dei –
Kl R M Z D

3 – ne!

3 Bei der letzten Silbe von «deine» das Fäustchen des Kindes schließen und leicht hin- und herbewegen.

Berührungsvariante für 1:

1a Beim Daumen beginnend, von der Spitze der Finger zärtlich herunterstreichen an den Innenseiten, bis zur Fingerwurzel.

Weiter wie oben bei 2 und 3.

Der Ablauf kann mit der Berührungsvariante 1a oder ohne sie gemacht werden. Man beginnt mit der rechten Hand des Kindes, nimmt dann die linke und noch einmal die rechte Hand.
Der Gesamtablauf: rechts, links, rechts ist kurz und kann ein- bis dreimal wiederholt werden, nicht öfter.

Zubbele – Zub

(auch als Fußspiel möglich)

Dub – dub – dub – dub – dub.
Zub – zub – zubbele – zub.
Ei! – Ei! – Schum – schei.
Schum – schei!

Text	Berührungen
1 Dub – dub – dub – dub – dub. Kl R M Z D	1 Der Erwachsene fasst den Unterarm des Kindes am Handgelenk, die Handinnenfläche zeigt nach oben. Mit der Zeigefingerkuppe tupft der Erwachsene einmal zart auf jeden Fingernagel des Kindes, beim kleinen Finger beginnend.
2 Zub – zub – zubbe – le – zub. D Z M R Kl	2 Mit allen Fingern der eigenen Hand der Reihe nach an jeder Fingerkuppe des Kindes sehr zart zupfen. Beim Daumen beginnen.
3 Ei! – Ei! –	3 Mit der ganzen Handfläche über die Innenfläche der Kinderhand streichen, von der Handwurzel bis zu den Fingerspitzen. Das «Ei» sehr gedehnt, fast singend sprechen, zweimal.
4 Schum – schei!	4 Bei dem gedehnt ausgesprochenen «schei» mit der Hand, die das Kinderhändchen fasst, von außen über die Oberfläche der Kinderhand streichen, dabei die Finger des Kindes zum Einrollen bringen, sodass ein Fäustchen entsteht. Über die eingerollten Finger bis zum Handgelenk ausstreichen.
5 Schum – schei!	5 Noch einmal von außen über das Händchen streichen, mit der ganzen Hand. Bei «schei» (langsam ausgesprochen) das Fäustchen des Kindes umschließen und liebevoll und

behutsam etwas drücken. Je nach Größe der Hände kann das nur mit der streichenden Hand geschehen, oder man nimmt die haltende Hand, die man sehr vorsichtig vom Handgelenk löst, noch dazu, sodass das Fäustchen des Kindes warm umschlossen ist.

Das Spiel kann auf Wunsch des Kindes mehrmals, aber nicht länger als fünf Minuten, wiederholt werden. Man kann dabei die Hände wechseln, hört aber bei der rechten Hand auf.

Spielanleitung für die Füße

Das Spiel kann auch als Fußberührungsspiel durchgeführt werden. Man überträgt das Tupfen und Zupfen auf die Zehen. Bei «Ei» zweimal Fußunterseite von den Fersen bis zu den Zehen streichen. Bei «Schum-schei» das erste Mal vom Fußgelenk bis zu den Zehen auf der Fußoberseite streichen, beim zweiten Mal bei dem gedehnten «schei» den Fuß umfassen und liebevoll drücken.

Diese Berührungsspiele sind ein Urbild für das freudige Kennenlernen (Selbstwahrnehmung) des bedeutungsvollsten Erkenntnis-, Handlungs- und Ausdrucksorgans des Menschen: die Hand mit ihren Fingern! Wachstum und Strukuturierung des Brocaschen Sprachzentrums und damit die Fähigkeit des aktiven Sprechens werden durch die Berührung der Finger, speziell der rechten Hand, gefördert.

Bandel – Bandele

Bandel – Bandele
um das Handele!
Ringel – Ringelein
auf das Fingerlein!
So fein – so fein
soll mein Kindlein sein.

Text	Berührungen
1 Bandel – Bandele	1 Mit der linken Hand etwas oberhalb des Handgelenks den rechten Arm des Kindes anheben. Mit dem rechten Zeigefinger behutsam um das Kinderhandgelenk herumstreichen. Bewegung und Sprache sind langsam, die Sprachmelodie ist fast ein Lied, keine Rufterz.
2 um das Handele!	2 Bewegung Nr. 1 wiederholen.
3 Ringel – Ringelein	3 Den mit allen Fingerspitzen umfassten imaginären Ring auf die Ringfingerkuppe des Kindes schieben.
4 auf das Fingerlein!	4 Mit leichtem Hin- und Herdrehen den «Ring» bis zur Fingerwurzel herunterschieben, die Stimme etwas anheben und am Schluss bei «Fingerlein» die Stimme in der Schwebe halten. Ausklingen lassen.
5 So fein – so fein	5 Mit den Fingerkuppen das Kinderhandgelenk, um das das «Bandele» gelegt wurde, zart berühren. Beim zweiten «so fein» den «Ring» an der Ringfingerwurzel mit Daumen und Zeigefinger berühren. Gedehnt und singend sprechen.
6 soll mein Kindlein sein.	6 Mit der rechten Hand liebkosend über die ganze Kinderhand streichen, dann das lockere Fäustchen des Kindes umschließen und beim Wort «sein» leicht hin- und herwiegen. Auch hier wieder die Stimme in der Schwebe halten.

So macht es das Schneckelein

Die Schnecke kriecht aus ihrem Haus.
Sie streckt die kleinen Fühler aus.
Stups – stups!
Sie zieht sie wieder ein
und kriecht zurück ins Haus hinein,
das Schneckelein!

Text	Berührungen
1 Die Schnecke kriecht aus ihrem Haus.	1 Die rechte Hand des Kindes liegt, zum lockeren Fäustchen geschlossen, beispielsweise auf dem Bett, dem Tisch oder der Handinnenfläche des Erwachsenen. Dieser zeichnet, ausgehend von der Mitte der Kinderhandoberfläche, mit seiner Zeigefingerkuppe eine auswickelnde Spirale bis zur Daumenwurzel. Dazu spricht er im «Schneckentempo» nebenstehenden Text sehr melodisch; die Wortsilben dehnen.
2 Sie streckt die kleinen Fühler aus.	2 Der Erwachsene steckt seine Daumen- und Zeigefingerkuppen in die Lücke zwischen Daumen- und Zeigefingerwurzel der rechten Kinderhand. Mit der Nagelseite seiner Fingerkuppen fährt der Erwachsene an der Innenseite der Kinderfingerchen entlang und streckt dadurch den Daumen und den Zeigefinger des Kindes als Fühler. An den Fingerkuppen des Kindes angekommen, hält der Erwachsene eine Weile stumm diese Gebärde fest.
3 Stups – stups!	3 Der Erwachsene nimmt seine Finger weg und tupft mit den Spitzen von Daumen und Zeigefinger gegen die «Fühler». Es darf überraschend, aber nicht erschreckend sein. (Zarte Berührung.)

4 Sie zieht sie wieder ein	4 Die zurückweichenden Finger des Kindes behutsam so weit zurückschieben, bis sie wieder leicht eingerollt sind.
5 und kriecht zurück ins Haus hinein,	5 Mit der Zeigefingerkuppe beginnt der Erwachsene nun an der Daumenwurzel des Kindes eine einwickelnde Spirale (nach links) bis zur Mitte des Handrückens zu zeichnen. Wiederum im «Schneckentempo» melodisch dazu sprechen. Die Wortsilben dehnen. Zum Abschluss bei «hinein» mit dem Zeigefinger die Handoberfläche zart kitzeln.
6 das Schneckelein!	6 Das lockere, geschlossene Fäustchen des Kindes mit beiden Händen behutsam umschließen (das Schnecklein sitzt geschützt im Haus). Die Stimme bleibt am Schluss in der Schwebe.

Es ist auch möglich, die Berührungen in der Innenfläche der Kinderhand zu machen, dabei ist besondere Behutsamkeit geboten, da das Handzentrum der Ich-Bereich der Hand ist und besonders sensibel reagiert. Je jünger oder empfindsamer das Kind ist, desto vorsichtiger muss man im Umgang mit diesem Spiel in der Handinnenfläche sein.

Zunächst die Oberfläche berühren, später die Innenfläche; es ist auch möglich, mit den beiden Handflächen abzuwechseln – die Erzieherin muss abspüren, was für die Kinder erfreuend und heilsam sein kann.

Einen Rollentausch zwischen Erzieherin und Kind kann es auch geben.

Zip – Zap – Zip – Zap

(auch als Fußspiel möglich*)

Zip – Zap – Zip – Zap
wer kommt heran?
Das ist der Zippel –
Zappelmann – Zappelmann –
Zappelmann.
Eijei – !

Text	Berührung
1 Zip – Zap – Zip – Zap – wer D Z M R Kl	1 Der Erwachsene berührt wechselweise mit seinem Zeige- und Mittelfinger hauchzart der Reihe nach die Fingernägel der rechten, locker eingerollten Kinderhand.
2 kommt her - an? Das Kl R M Z	2 Dann berührt der Erwachsene wiederum im Wechsel mit Zeige- und Mittelfinger die mittleren Knöchel der Kinderfinger vom kleinen zum Ring-, zum Mittel-, zum Zeigefinger.
3 ist der Zip – pel Z M R Kl	3 Jetzt berühren Zeige- und Mittelfinger des Erwachsenen die Fingerwurzelknöchel des Kindes.
4 Zappelmann – Zappelmann – Zappelmann.	4 Der Erwachsene klopft mit allen Fingerkuppen auf den Handrücken des Kindes.
5 Eijei – !	5 Dann umschließt der Erwachsene die Kinderhand (mit einer oder mit beiden Händen) und wiegt sie sanft.

Die Berührung mit den Fingerkuppen und abschließendem leichtem «Klopfen» kann auch an anderen Körperstellen geschehen. Man kann von der Hand den Unterarm herauf tupfen und den Zappelmann am Ellenbogen oder in den Armbeugen zappeln lassen. Ebenso vom Ellenbogen bis zur Schulter oder vom Fuß bis zum Knie oder zur Kniebeuge, vom Knie bis zum Bauch, von der Kniekehle zum Po. Vom Bauch bis unters Kinn. Abspüren, wo es das Kind besonders gerne hat.

* Am Fuß tupft man, am großen Zeh beginnend, der Reihe nach bis zum kleinen Zeh, wieder zurück zum großen Zeh und noch einmal bis zum kleinen Zeh, Text dazu von 1 bis 3. Bei «Zappelmann – Zappelmann – Zappelmann» mit den Fingerkuppen hauchzart auf die Fußoberfläche (den Rist) klopfen. Bei «Eijei – !» den Fuß liebevoll umschließen und zärtlich drücken.

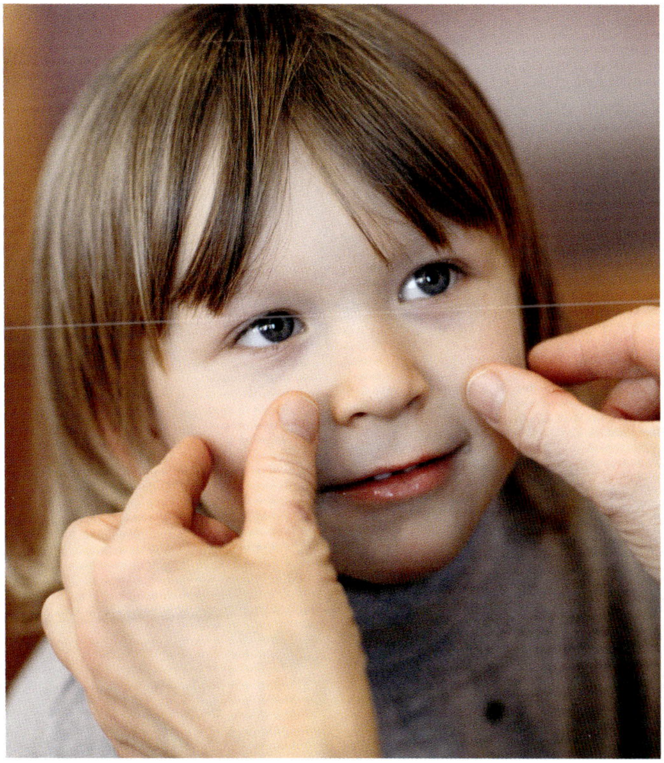

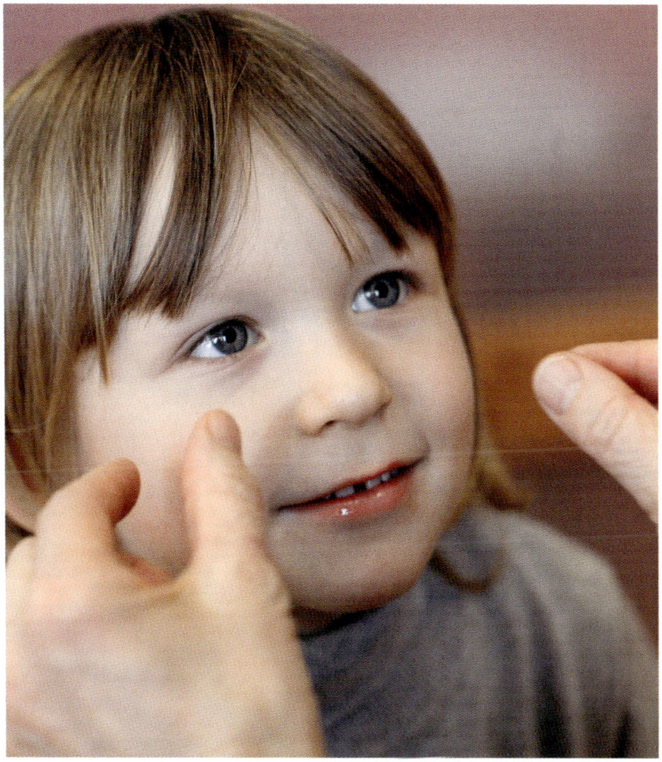

Dicker Hans und dünne Liese

Dicker Hans und dünne Liese,
langer Paul und krummer Franz
und das kleine Gretelein machen einen Tanz!
Tanzen langsam: Tral – la – la – la –
langsam: Tral – la – la – la – laa.
Tanzen schneller, immer schneller:
Trallalallalallala! Trallalallalallala!
Trallalallalallala! Stop!
Aus.

Text	Berührungen
1 Dicker Hans und dünne Liese, D Z langer Paul und krummer Franz M R und das kleine Gretelein Kl	1 Der Erwachsene hält die rechte Hand des Kindes in seiner Linken. Mit allen fünf Fingerkuppen seiner rechten Hand umschließt der Erwachsene den Daumen des Kindes am Fingeransatz. Den so umfassten Daumen bis zur Fingerkuppe heraufstreichen, mit dem Wort «Dicker» dann beim Nennen des Namens «Hans» die Fingerkuppe des Kindes leicht bewegen. In gleicher Weise der Reihe nach Zeige-, Mittel-, Ring- und kleinen Finger des Kindes berühren. Jeweils beim Nennen des Namens wird die entsprechende Fingerkuppe zart bewegt.
2 ma – chen ei – nen Tanz! Kl R M Z D	2 Der Reihe nach im Rhythmus behutsam auf die Fingerkuppen des Kindes tupfen, jetzt beim kleinen Finger beginnend.

3 Tan – zen lang – sam: Tral –
D Z M R Kl

la – la – la – lang – sam:
D Z M R Kl

Tra – la – la – la – laa. –
D Z M R Kl

3 Die Finger des Erwachsenen tanzen mit den Fingerkuppen in der Handinnenfläche des Kindes herum, jedoch nicht direkt im Zentrum. Die Wortsilben langsam und gedehnt sprechen, sodass das Antupfen des jeweiligen Fingers genau mit der Sprache übereinstimmt.

4 Tan – zen schnel – ler,
D Z M R

im – mer schnel – ler:
Kl D Z M

Trallalallalallala! –
Trallalallalallala! –
Trallalallalallala! – Stop!

4 Das Tempo nimmt zu, aber es wird jede Fingerkuppe noch im Rhythmus aufgesetzt bis «schneller», dann frei im Rhythmus auf die Handfläche des Kindes «trommeln», um die Mitte herum. Bei «Stop!» mit der Hand in die Hand des Kindes batschen wie «halt, genug!». Nach jedem «Trallalallala» eine kleine Pause machen.

5 Aus.

5 Bei «Aus» zur Beruhigung die Hand des Kindes vom Handgelenk bis zu den Fingerspitzen liebevoll ausstreichen, dann die Finger der Kinderhand zum Fäustchen einrollen und mit der Erwachsenenhand liebevoll umschließen. Ohne Worte das Fäustchen zart drücken und sich viel Zeit lassen.

Der Erwachsene muss abspüren, ob er das ganze Spiel noch einmal wiederholt oder nur die letzten drei «Trallalallalallala» mit dem «Stop!» und dem «Aus!».
Man kann das Spiel auch mit der linken Hand des Kindes weitermachen und zum Schluss noch einmal mit der rechten Hand.
Wenn die Kinder mit dem Spiel vertraut sind, lieben sie es, das Spiel dann bei dem Erwachsenen zu machen, besonders das schnelle Tanzen.

Regen

Regen – Regen – Tropfen
an das Fenster klopfen:
doppe – doppe – doppe,
doppe – doppe – doppe! –

Regentropfen springen
und man hört es klingen:
teng – teng – teng,
teng – teng – teng! –

Tropfen laufen munter
an dem Glas herunter:
trulle – trulle – trulle,
trulle – trulle – trulle! –

Und mein Kindchen drückt am Glas
sich ganz platt – ganz platt die Nas'!

Text	Bewegungen
1 Regen – Regen – Tropfen an das Fenster klopfen:	1 Die Erzieherin stellt ihre linke Hand als Glasscheibe senkrecht (siehe Abbildung). Die rechte Hand mit sich ständig bewegenden Fingern von oben herunterführen zur linken Handinnenfläche. Bei «klopfen» zweimal mit der Zeigefingerkuppe gegen die Innenfläche der linken Hand tupfen.

Text	Bewegungen
2 doppe – doppe – doppe, doppe – doppe – doppe! –	2 Mit allen Fingerkuppen der rechten Hand gegen die Innenfläche der linken Hand «trommeln», es regnet.
3 Regentropfen springen und man hört es klingen:	3 Bewegungen wie bei 1. Bei «springen» mit Daumen und Zeigefinger einmal gegen die Linke knipsen. Bewegungen für die 2. Zeile wiederholen, diesmal bei «klingen» knipsen.

4 teng – teng – teng,
teng – teng – teng! –

4 Bei jedem «teng» gegen die Handfläche knipsen. Evtl. auch mit Daumen und Mittelfinger im Wechsel mit Daumen und Zeigefinger.

5 Tropfen laufen munter
an dem Glas herunter:

5 Die Fingerkuppen der rechten Hand streichen leicht bei den Worten «Tropfen laufen munter» von den Fingerkuppen der linken Hand über die Innenfläche bis zur Handwurzel herunter, eventuell sogar bis zum Ellenbogen. Die Bewegung bei den Worten «an dem Glas herunter» wiederholen.

6 trulle – trulle – trulle,
trulle – trulle – trulle! –

6 Für die ersten drei «trulle» mit den Fingerkuppen der rechten Hand wieder über die Finger und die Innenfläche bis zur Handwurzel der Linken – oder: falls bei Punkt 5 die Bewegung bis zum Ellenbogen ausgeführt wurde, auch jetzt bis dorthin – in leichter Schlangenlinie herunterstreichen. Mit den drei folgenden «trulle» die Bewegung wiederholen.

7 Und mein Kindchen drückt am Glas

7 Die Nase zur hochgestellten flachen Hand führen und bei «platt» an den Handballen so anlegen, dass man ohne Schwierigkeiten sprechen kann.

8 sich ganz platt – ganz platt die Nas'!

8 Bei «platt» die Nasenspitze leicht gegen das Handinnere drücken, beim zweiten «platt» mit etwas mehr Nachdruck die Geste wiederholen. Gebärde auflösen und dem Kind heiter zunicken. Eventuell mit dem Zeigefinger einen zarten Stups auf das Näschen geben.

Dieses Spiel ist auch als Partnerspiel sehr gut geeignet, die Hand des Kindes ist das «Glas», die Finger des Erwachsenen sind der «Regen». Die Nase des Erwachsenen drückt sich an der Kinderhand platt. Die Rollen können auch getauscht werden.

Du – pi – dehn

Du – pi – du – pi – dehn!
Tupf ich auf die Zehn.
Du – pi – du – pi – duß!
Tupf ich auf den Fuß.
Du – pi – du – pi – dest!
Die Ferse halt ich fest.
Nehm' in die Hand den ganzen Fuß.
Du – pi – du – pi – duß!

Text	Berührungen
1 Du – pi – du – pi – dehn! 1 2 3 4 5 Tupf ich auf die Zehn. 1 2 3 4 5	1 Die Kinderfüße können nacheinander einzeln oder gleichzeitig berührt werden. Beim großen Zeh «1» beginnend, der Reihe nach leicht auf alle Zehen tupfen.
2 Du – pi – du – pi – duß! Tupf ich auf den Fuß.	2 Jeweils bei der unterstrichenen Silbe (halbes Tempo) von den Zehen bis zum Fußgelenk behutsam auf den Rist tupfen.
3 Du – pi – du – pi – dest!	3 Um das Fußgelenk nach hinten tupfen.
4 Die Ferse halt ich fest.	4 Die Ferse liebevoll umfassen, bei «fest» leicht drücken. Stumm eine Weile so halten.
5 Nehm' in die Hand den ganzen Fuß.	5 Die Hand so führen, dass die ganze Fußsohle darin liegt und den Fuß so weit wie möglich umschließt. Wiederum eine Weile stumm halten!
6 Du – pi – du – pi – duß!	6 Die umfassten Füße auf die beiden unterstrichenen Silben leicht nach unten federn. Das «duß» gedehnt sprechen. Den Fuß leicht drücken, dann hinstellen und loslassen.

Falls es widerstrebt, bei gleichzeitiger Berührung beider Füße in der Einzahl zu sprechen, kann man «Füß» und «düß» sagen.

Strimpel – Strempel

Strimpel – Strempel – Strampel-Zehn.
Batsche – Batsche – Fuß zum Gehn.
In den Strumpf schlupf-schlupf hinein.
Schlupf-schlupf hinein.
Warm soll's Kindlein, warm soll's sein.

Strimpel – Strempel – Strampel-Zehn.
Batsche – Batsche – Fuß zum Gehn.
In den Strumpf schlupf-schlupf hinein.
Schlupf-schlupf hinein.
Warm soll's Kindlein, warm soll's sein.

Schuhe ziehn wir auch noch an.
Erst diesen: Rucke – ruck!
Dann den: Rucke – ruck!
Jetzt kann mein Kind spazieren gehn.

Text	Berührungen
1 Strim-pel – Strem-pel 5 4 3 2	1 Im Rhythmus behutsam auf die Zehen tupfen, beim kleinen Zeh beginnen.
2 Stram-pel – Zehn. 1 1	2 Auf den großen Zeh zweimal tupfen, bei «Zehn» alle Zehen berühren.
3 Batsche – Batsche – Fuß	3 Fußsohle in die Hand nehmen und halten. Mit der anderen Hand bei — auf den Fuß batschen.
4 zum Gehn.	4 Den mit beiden Händen umschlossenen Fuß etwas nach oben heben und niedersetzen.
5 In den Strumpf	5 Mit beiden Händen einen «Strumpf» bilden, dazu die Handwurzeln zusammenlegen, die Daumenaußenkanten zeigen nach oben (siehe Abbildung auf Seite 43 oben).

6 schlupf – schlupf hinein.

6 «Strumpf» überstreifen, von den Fußrändern bis zum Wadenansatz oder bis über das Knie, hierfür das Wort «hinein» entsprechend dehnen.

7 Schlupf – schlupf hinein.

7 Noch einmal überstreifen, diesmal über die Fußoberfläche und die Sohle bis zur Wade oder bis über das Knie.

8 Warm soll's Kindlein,
warm soll's sein.

8 Den Fuß mit den Händen umschließen. Beim zweiten «warm» den Fuß leicht und liebevoll drücken. Falls man bis zum Knie gestrichen hat, umschließt man beim zweiten «warm» das Knie mit den Händen.

9 Strim – pel – Strem – pel …
5 4 3 2

9 Den ganzen Ablauf für den linken Fuß wiederholen (siehe oben 1 bis 8).

10 Schuhe ziehn wir auch noch an.

10 Mit den Händen «Schuhe» bilden. Dazu hohle Hände machen, den Handrücken nach unten und parallel nebeneinanderhalten, dem Kind zeigen.

11 Erst diesen:

11 Rechte Hand als «Schuh» etwas heben.

12 Rucke – ruck!

12 Den «Schuh» anziehen, rechte Hohlhand unten, linke darüber, unter und über den Fuß schieben, beim zweiten «ruck» den «Schuh» hinten an der Ferse hochschieben.

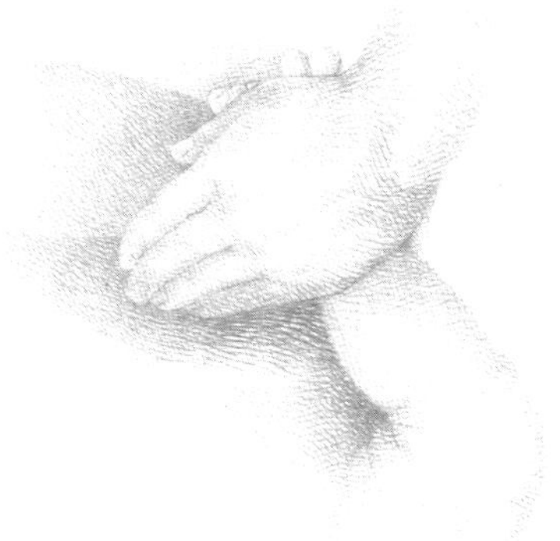

13 Dann den:	13 Linke Hand als «Schuh» etwas anheben.
14 Rucke – ruck!	14 Den zweiten «Schuh» auch in zwei Etappen anziehen (wie bei 12), aber diesmal ist die linke Hand unten. Hier eventuell das Zuschnüren der Schuhe einschieben:
15 (Schleife binden)	15 (An jedem «Schuh» eine imaginäre Schleife binden, erst rechts, Schleife binden, dann links. Für Knöpfe, Reißverschlüsse und sonstige Verschlüsse den Text ändern, zum Beispiel: «Knöpfchen drücken» oder «zuziehn noch».)
16 Jetzt kann mein Kind spazieren gehn.	16 Bei «jetzt» gleichzeitig jeden Fuß in eine Hand nehmen, dann die Füße in Gegenbewegung auf und ab bewegen und bei «gehen» die Bewegung beenden, Füße absetzen.

Krabbe – krabbe – krabbe

Krabbe – krabbe – krabbe –
mit vielen Beinchen kurz und klein
krabbelt hier ein Käferlein.
Krabbe – krabbe – krabbe –
Käferlein – Käferlein –
krabbelt in sein Blätterhaus.
Ruht sich aus! – Ruht sich aus!

Text	Gebärden
1 Krabbe – krabbe – krabbe –	1 Die rechte Hand ist mit allen Fingern das Käferlein. Es krabbelt von der Hüfte auf den rechten Oberschenkel, mit sehr schnellen und leichten Fingerbewegungen.
2 mit vielen Beinchen kurz und klein	2 Weiterkrabbeln bis zur Mitte des Oberschenkels in einer Kurve.
3 krabbelt hier ein Käferlein.	3 Weiterkrabbeln von der Mitte des Oberschenkels bis zum Knie und dort ein Weilchen sitzen bleiben.
4 Krabbe – krabbe – krabbe –	4 Zurückkrabbeln vom Knie bis zur Mitte des Oberschenkels, in fast gerader Linie.
5 Käferlein – Käferlein –	5 Weiter zurück in einer Kurve bis zum Oberschenkelansatz.
6 krabbelt in sein Blätterhaus.	6 Linke Hand etwas hohl auf den linken Oberschenkel legen und dann mit der rechten Hand vom rechten Schenkel herüberkrabbeln unter die linke Hand. Der Käfer bleibt darunter.
7 Ruht sich aus! – Ruht sich aus!	7 Die Hände ruhig halten. Sehr gedehnt, fast singend sprechen. Ausklingen lassen.

Dieses Spiel kann als Berührungsspiel gespielt werden; die Hand des Erwachsenen ist das Käferlein und krabbelt auf dem Kinderkörper umher. Das Blätterhaus können zum Beispiel die Kinderhände sein, die Achselhöhle, die Kniekehle, die Halsbeuge oder eine andere Körperpartie. Die Rollen können getauscht werden. Das Käferlein kann mit der rechten oder der linken Hand gespielt werden, abschließen sollte man das Spiel aber mit der rechten Hand. Zum Abschluss kann der Käfer mit einem Ruhelied in der Quintenstimmung eingewiegt werden (siehe *Wiegen- und Ruhelieder*).

Ma – ma – meh

Ma – ma – meh, ma – ma – meh, großer Zeh!
Ma – ma – meh, ma – ma – meh, kleiner Zeh!
Ma – ma – mih, ma – ma – mih, rundes Knie!
Ma – ma – mauch, ma – ma – mauch,
dicker Bauch!
Ma – ma – mern, ma – ma – mern,
hab dich gern!
Ma – ma – mern, ma – ma – mern, sooo gern!

Text	Berührungen
	Ausgangsstellung: Liegt oder sitzt das Kind, werden die Berührungen beidseitig gleichzeitig ausgeführt. Liegt das Kind im Arm des Erwachsenen, wird mit einer Hand einseitig berührt.
1 Ma – ma – meh, ma – ma – meh, 5 4 3 2	1 Der Erwachsene tupft mit seinen Zeigefingern jeweils bei der Unterstreichung zart auf die Zehen des Kindes, beim kleinen Zeh beginnend. Sprachrhythmus:  Ma – ma – meh, Ma – ma – meh, gro – ßer Zeh!
2 großer Zeh!	2 Mit Daumen-, Zeige- und Mittelfingerkuppen die großen Zehen liebevoll reiben.
3 Ma – ma – meh, ma – ma – meh, 1 2 3 4	3 Wie bei 1, aber bei den großen Zehen beginnen.
4 kleiner Zeh!	4 Wie bei 2, diesmal die kleinen Zehen reiben.
5 Ma – ma – mih, ma – ma – mih,	5 Bei den Unterstreichungen mit den Fingerkuppen zart über die Fußoberseite am Schienbein hinauf zum Knie tupfen. Sprachrhythmus wie bei 1.

6 rundes Knie!	6 Das Wort «rundes» langsam sprechen, dabei mit den Fingerkuppen das Knie umkreisen, bei dem Wort «Knie» dasselbe umfassen und tätscheln.
7 Ma – ma – mauch, ma – ma – mauch,	7 Über die Oberschenkel weiter herauf tupfen bis zum Bauch.
8 dicker Bauch!	8 Bei dem Wort «dicker» über den Bauch des Kindes streichen, bei «Bauch» die Hände auf denselben auflegen und tätscheln.
9 Ma – ma – mern, ma – ma – mern,	9 Bei den unterstrichenen Silben auf die Händchen tupfen.
10 hab dich gern!	10 Die Kinderhände jeweils mit einer Hand ganz umschließen. Bei dem Wort «gern» zart schütteln.
11 Ma – ma – mern, ma – ma – mern,	11 Wie oben bei 9 beschrieben.
12 sooo	12 Beide Arme weit ausbreiten und das Kind anlächeln.
13 gern!	13 Das Kind liebevoll in die Arme nehmen und behutsam an sich drücken, dabei ein wenig hin- und herwiegen.

Bei besonders empfindsamen, z.B. autistischen Kindern lässt man das In-die-Arme-Schließen (wie bei 12 und 13) weg und wiederholt stattdessen das Umfassen und Schütteln der Händchen (10).
Für gesunde Kinder ab etwa drei Jahren kann das Spiel ab Punkt 8 folgendermaßen erweitert werden:

I Ma – ma – mopf, ma – ma – mopf,	I Vom Bauch über Brust und Hals bis zum Kopf herauftupfen.
II großer Kopf!	II Mit beiden Händen sehr behutsam vom Scheitel seitlich zu den Ohren herunterstreichen.
III Ma – ma – marm, ma – ma – marm,	III Von den Schultern über die Arme bis zu den Handgelenken heruntertupfen.
IV langer Arm!	IV Mit den offenen Händen beide Ärmchen bis zum Handgelenk herunterstreichen.

Ab hier von 9 – 13 (siehe oben) fortfahren.

5 klob-klob – klob-klob.

5 Zweimal leicht gegen den Po klopfen, nach einer kleinen Pause weitere zweimal klopfen, jeweils auf das «o» in «klob».

6 Jeieiei – juu –

6 Der Erwachsene streicht mit einer oder beiden Händen während der Silbe «Jeieiei» vom Nacken bis herunter ins Kreuz. Von dort weiterstreichen beim Klang der Silbe «juu» bis zum Beinansatz (Oberschenkel).

7 Job – bobobb!

7 Gegen den Po klopfen, danach mit den Händen am Po bleiben, ihn herzhaft packen und tätscheln.

Dieses Berührungsspiel ist geeignet, dem Kind zu helfen, «zu sich zu kommen». Sei es nun, weil es schlecht oder zu tief geschlafen hat oder es vor Schmerz oder Übermut außer sich geraten ist und eines Trostes oder einer Beruhigung bedarf.
Für das geschädigte oder behinderte Kind ist es eine wirkliche Inkarnationshilfe. Man könnte zunächst (besonders bei autistischen Kindern) eine verkürzte Fassung anwenden und den Leib nicht direkt berühren, Luft dazwischen lassen, während man bei einem verhärteten Organismus eine stärkere, eindrucksvollere Berührung machen kann.

Bsssssss!

«Scherzli»

Bsssssss!
Sssss
Ssssssss
ssss
sst!
Gillillillillillillillill!
Bsssssss!
Ssss
Ssssssss
ssss
sst!
Gillillillillillillillill!
Bssss – ssss – sst!

Es ist wichtig, dass der Erwachsene die Fliege zuerst bei sich landen und kitzeln lässt, die Kinder überwinden dann ihre Scheu und wünschen sich, dass die Fliege auch zu ihnen kommt.

Laute

1 Bsssssss!

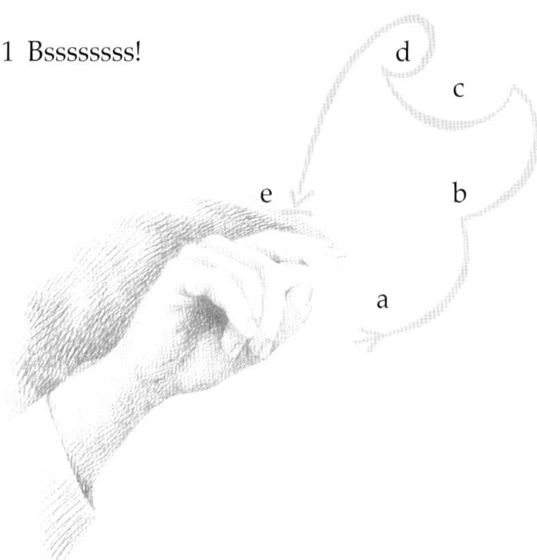

Bewegungen

1 Aus der locker eingerollten rechten Faust den Zeigefinger als Fliege herausstrecken. Der Daumen liegt leicht auf den eingerollten Fingern. Die «Fliege» kommt hinter dem Rücken hervor, herauf bis in Halshöhe. (a)

2 Sssss	2 Nach vorne im Bogen über unten (b),
3 Sssssssss	3 nach links zur Mitte im Bogen über unten (c),
4 ssss	4 Schleife über oben (d),
5 sst!	5 Gerade auf die linke Handoberfläche des Spielers (des Erwachsenen) (e),
6 Gillillillillillillillill!	6 Mit der rechten Zeigefingerkuppe leicht und zierlich (Fliegenbeinchen) die eigene Hand kitzeln, eventuell wiederholen.
7 a Bssssssss!	7 a Fliege fliegt von der Hand im Bogen über unten nach rechts (bis etwa Magenhöhe),
	b einen Bogen nach links,
b Ssss	c einen Bogen über unten nach rechts (Halshöhe),
c Sssssssss	
d ssss	d mit einer Schleife über oben nach rechts und bei
e sst!	e «sst!» auf der eigenen rechten Wange landen.
8 Gillillillillillillillill!	8 Wange mit dem Fliegenbein kitzeln, eventuell wiederholen.
9 Bssssssss (bis «sst!»)	9 Die Fliege fliegt wieder in vier Bögen jetzt zum Kind und landet bei «sst» auf der Hand des Kindes.
10 Gillillillillillillillill!	10 Mit dem Fliegenbein die Hand des Kindes kitzeln.
11 Bssssssss (bis «sst!»)	11 Fliege fliegt in vier Bögen (siehe 7 a–e) und landet auf der Wange des Kindes.
12 Gillillillillillillillill!	12 Die Wange mit dem Fliegenbein kitzeln.
13 Bssssssss (bis «sst!»)	13 In vier Bögen fliegt die Fliege zurück in Richtung zur rechten Schulter und verschwindet mit einer Schleife über oben mit «sst» hinter dem Rücken. Dem Kind heiter zulächeln.

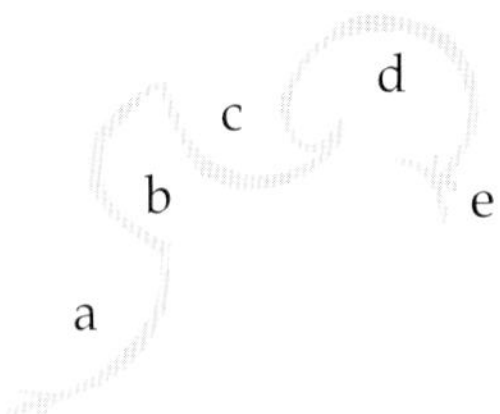

Das «Bssss» und «ssss» wird mit dunkler Stimme gesummt, die Stimme schwillt dabei an und ab. Das «Gillillillillillillill» mit hoher, zarter Stimme, in gleich bleibender Höhe sprechen.
Anfänglich die Fliege nur ein-, höchstens zweimal landen und kitzeln lassen, das Kind wird dann eine Wiederholung erbitten. Später wird es zeigen, wohin die Fliege kommen soll, das kann dann auch außerhalb seines Körpers sein. Nach einiger Zeit wird es mit großer Freude selbst die Fliege spielen und bestimmen, wo sie landet – bei sich, bei anderen Menschen oder bei Gegenständen. Man nehme die Anregungen der Kinder auf. Dieses Spiel ist ein Urbild der Begegnung im Scherz.

Besuch

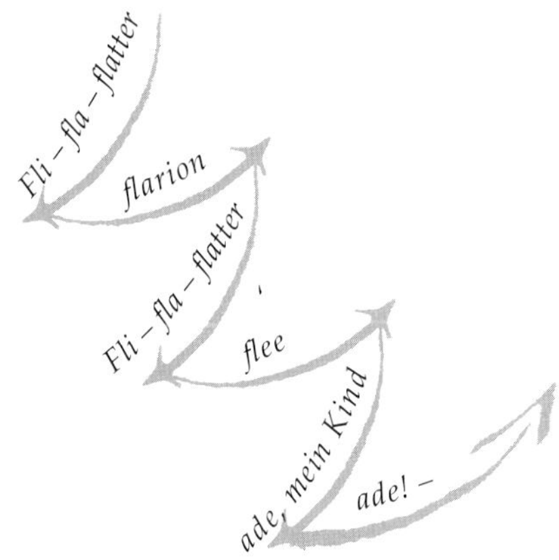

Fli – fla – flatter – Schmetterling –
Schmetterling besucht mein Kind.
Er setzt sich auf die Stirn,
auf die Augen und die Nas'.
Dann auf die Bäckchen rechts und links
und mitten auf das Kinn.
Zum Schluss gibt's einen Kuss!

Der Schmetterling, er fliegt davon:
Fli – fla – flatter – flarion –
Fli – fla – flatter – flee –
Ade, mein Kind, ade! –

Text	Bewegungen
1 Fli – fla – flatter – Schmetterling – Schmetterling besucht mein Kind.	1 Die rechte Hand des Erwachsenen ist der Schmetterling: Alle Finger und der Daumen sind eng zusammengelegt und werden als Flügel von den Fingerwurzeln her bewegt. Die Finger und das Handgelenk werden dabei ruhig gehalten.

Flugweg:

«Fli – fla – flatter» 
einen Bogen nach rechts außen.

«Schmetterling» 
im Bogen nach links innen.

«Schmetterling besucht mein Kind»

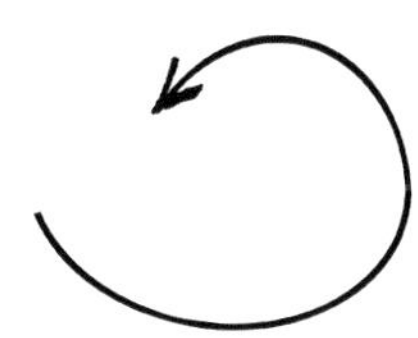

im Bogen nach rechts außen
und über oben zum Kopf des Kindes.

2	Er setzt sich auf die Stirn,	2	Jetzt ist die Fingerkuppe des Zeigefingers der Schmetterling, dieser ist aus der locker eingerollten Faust herausgestreckt. Mit der Zeigefingerkuppe jeweils beim Nennen des Körperteils dieses leicht berühren.
3	auf die Augen	3	Auf die Wortsilbe «Au-» den rechten Zeigefinger auf das rechte Auge oberhalb des geschlossenen Lids und unterhalb der Augenbraue leicht berühren. Auf die Silbe «-gen» die gleiche Berührung am linken Auge.
4	und die Nas'.	4	Mit der Zeigefingerkuppe auf der Nasenspitze ein wenig verweilen, dabei den Finger leicht bewegen, dabei das Wort «Nas'» gedehnt sprechen.
5	Dann auf die Bäckchen rechts und links	5	Der Zeigefinger «fliegt» in einem Bogen über oben erst auf das rechte, dann auf das linke Bäckchen, jeweils zart berühren.
6	und mitten auf das Kinn.	6	Wie bei der Nase ein wenig verweilen und leicht kitzeln. Nach dem Kitzeln einen Moment still sitzen bleiben.
7	Zum Schluss gibt's einen Kuss!	7	Bei dem Wort «Schluss» den Finger abheben und bei dem Wort «Kuss» mit leichtem Druck auf die Mitte der Oberlippe setzen.
8	Der Schmetterling, er fliegt davon:	8	Der Erwachsene nimmt seine Hand im Bogen nach oben vom Kind weg, er bildet wieder die Geste des fliegenden Schmetterlings, wie unter 1 beschrieben.
9	Fli – fla – flatter – flarion –	9	Den Schmetterling fliegen lassen, dabei die Flugbögen immer weiter nach rechts außen führen.
10	Fli – fla – flatter – flee – Ade, mein Kind, ade! –	10	Die Bögen immer noch weiter nach rechts, bis der Schmetterling beim zweiten «ade» geradeaus nach rechts davonfliegt (siehe Schema S. 53 oben).

Burre – bum

Summmmmmmm, sum-sum-sum, sum-sum-sum, der klei-ne Kä-fer Bur-re-bum,
der fliegt hier in der Luft her-um, sum-sum-sum, sum-sum-sum!
Jetzt fliegt er, sieh nur, was ist das, dem lie-ben Kin-de auf die Nas'
und kit-zelt un-ser Kin-de-lein mit sei-nem klit-ze-klei-nen Bein.
Haaa! Was sind das für Sa-chen! Mein Kind-chen, das muss la-ha-ha-ha-ha-chen.

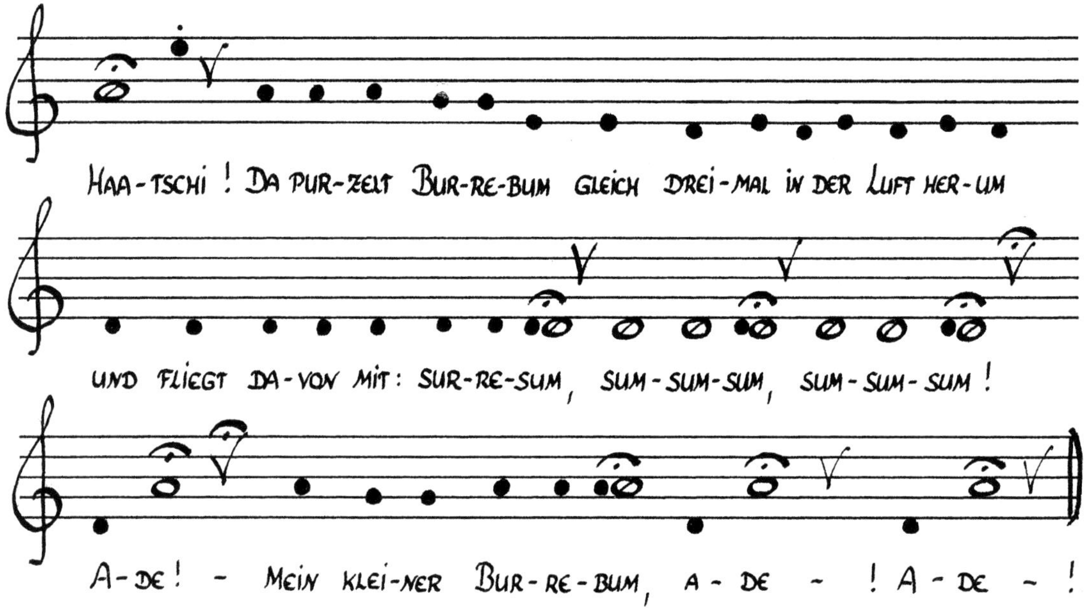

NOTATION: • ≈ EINE PULSATION (GRUNDSCHLAG) / ⌀ ≈ •• / O ≈ •••• / •⌀ ≈ ••• / 𝄐 ≈ LÄNGER HALTEN / ﹏ ≈ STIMME WIE BEIM LACHEN IN SCHNELLER FOLGE VIBRIEREN LASSEN / •̇ ≈ LEICHT ABFEDERN, STACCATO / ⌒ ≈ ATEMBOGEN

Liedtext	Bewegungen
1 Summmmmm (stumm)	1 Auf dem rechten Oberschenkel des Erwachsenen liegt die rechte, lockere Faust (der Daumen liegt auf dem Mittelfinger), aus der der leicht gebogene Zeigefinger herausgestreckt wird. Die Zeigefingerkuppe ist das Käferlein. Es fliegt bei «summmm» im Bogen nach links herauf, und ohne stimmliche Begleitung vollendet es einen Kreis zurück zum Ausgangsort; nicht absetzen …
2 sum – sum – sum,	2 sondern nach rechts schaukeln
3 sum – sum – sum,	3 und nach links schaukeln, etwas höher.
4 Der kleine Käfer Burrebum,	4 Das Käferlein fliegt wieder nach rechts, noch etwas höher
5 der fliegt hier in der Luft herum, sum – sum sum, sum – sum – sum!	5 und wieder nach links und nochmals höher.
6 Jetzt fliegt er, sieh nur, was ist das, dem lieben Kinde auf die Nas’	6 Den skizzierten Flugweg in der Bewegung nachvollziehen und auf der Nase des Kindes landen.
7 und kitzelt unser Kindelein mit seinem klitzekleinen Bein.	7 Der Erwachsene kitzelt mit seiner Zeigefingerkuppe die Nasenspitze des Kindes.
8 Haaa!	8 Der Käfer fliegt in einem kleinen Bogen von der Nasenspitze zur Nasenwurzel. Auf dem Laut «Haaa» lässt der Erwachsene seine Stimme vibrieren.
9 Was sind das für Sachen!	9 Mit der Fingerkuppe die Nasenwurzel des Kindes sehr leicht kitzeln, kaum berühren.
10 Mein Kindchen, das muss	10 Der Käfer fliegt im kleinen Bogen zurück zur Nasenspitze, bei dem Wort «lachen» setzt er sich dort nieder.
11 la – ha – ha – ha – ha – chen.	11 Durch das Lachen des Kindes gelingt es dem Käferlein nicht, auf die Nasenspitze zu sitzen; der Erwachsene tupft dreimal mit der Zeigefingerkuppe auf die Nase des Kindes und fliegt jedes Mal in einem kleinen Bogen wieder nach oben weg.

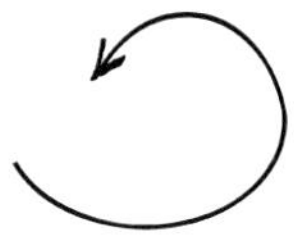

12 Haaatschi!

13 Da purzelt Burrebum
gleich dreimal in der Luft herum

14 und fliegt davon mit: surre – sum,
sum – sum – sum,
sum – sum – sum!

15 Ade! Mein kleiner Burrebum,
Ade! – Ade – !

12 Der Käfer landet und kitzelt. Dann wird er durch das Niesen bei der Silbe «tschi» hochgeschleudert.

13 Der Erwachsene setzt den skizzierten Weg in die Bewegung um.

14 Ab dem Wort «fliegt» wieder in gerader Fluglinie nach rechts oben, außen davonfliegen.

15 Wenn die Hand des Erwachsenen am äußersten Punkt angelangt ist, geht er vom Fliegen ins Winken über.

Ba – ba – buuh

Ba – ba – buuh! – Ist zu!
Ba – ba – baus! – Guckt raus!
Ba – ba – buuh! – Ist zu!
Ba – ba – baus! – Guckt raus!
Ba ba buuh! Ist zu!
Ba – ba – baah! – Ist da!
Ist da, mein Kind, ist da!

Text	Berührungen
	A Der Spieler macht die Bewegungen beim anderen. B Der Spieler macht die Bewegungen bei sich selbst.
1 Ba – ba – buuh!	1 Beide Hände von der Seite bis zur Mitte zusammenführen, bis sie das Gesicht verdecken, dabei sollte das Gesicht kaum berührt werden. Die Fingerkuppen berühren die Stirn ganz zart; macht man das Spiel am Kind, berührt die Kleinfingerkante die Wangen des Kindes. Macht man das Spiel an sich selbst, liegen die Daumenwurzeln leicht an den Wangen. Die Finger so locker halten, dass ein wenig Licht durchschimmern kann. Das Wörtchen «buuh» gedehnt sprechen.
2 Ist zu!	2 Die Hände ruhig über das Gesicht halten. Das Wörtchen «zu» wiederum gedehnt sprechen.
3 Ba – ba – baus!	3 Die Hände behutsam auseinanderklappen, Kleinfingerrand bzw. Daumenseite bleibt an den Wangen liegen.
4 Guckt raus!	4 Dem Kind lächelnd zunicken.
5 Ba – ba – buuh!	5 Wie oben bei 1.
6 Ist zu!	6 Wie oben bei 2.
7 Ba – ba – baus!	7 Wie oben bei 3.
8 Guckt raus!	8 Wie oben bei 4.
9 Ba – ba – buuh!	9 Wie oben bei 1.

10 Ist zu!	10 Die Hände ruhig über das Gesicht halten. Das Wörtchen «zu» wiederum gedehnt sprechen.
11 Ba – ba – baah!	11 Die Hände dieses Mal so weit auseinanderklappen, dass sie an beiden Seiten neben dem Kopf stehen, mit der Innenfläche zum Zuschauer.
12 Ist da!	12 Dem Kind in dieser Offenheit erfreut zunicken. Das Wörtchen «da» gedehnt sprechen.
13 Ist da, mein Kind,	13 Hände vor dem Brustbein zusammenklappen und dort halten.
14 ist da!	14 Macht der Erwachsene die Gebärden an sich selbst, nickt er jetzt dem Kind lächelnd zu und tupft ihm auf die Nase, oder er umarmt es. Hat der Erwachsene die Gebärden am Kind ausgeführt, nickt er ihm nur lächelnd zu.

Ist das Kind noch sehr jung, sollte der Erwachsene die Bewegungen bei sich selbst machen, bis das Kind von sich aus die Berührung wünscht.

Das Kind muss in einem gewissen Alter das sogenannte «Kuckuck-Spiel» spielen: verschwinden können und wieder auftauchen. Auch wenn die Mutter oder das Kind selbst nur die Hand über die Augen legt, ist das Kind effektiv «weg». Es wäre verfehlt, wenn der Erwachsene feststellen würde: «Du bist ja gar nicht weg.» Er muss das Spiel mitspielen, er muss das demonstrierte «Nicht-da-sein-wollen» akzeptieren, muss mit Verständnis darauf eingehen. Alles andere wäre bares Unverständnis der Situation. Verschwindenkönnen und Wiederauftauchen gehören zum gesunden Ablauf eines Menschenlebens. Sie begründen und entwickeln ein späteres Freiheitsbewusstsein.

Eia – beia – Backchen

Eia – beia – Backchen. Kriegst ein liebes Schnackchen.	Eia – beia – baus. Schnick – schnack – aus.

Text	Berührungen
1 stumm:	1 Mit beiden Händen ein kleines Dach über dem Kopf des Kindes andeuten.
2 Eia – beia –	2 An Schläfen und Wangen, diese kaum berührend, luftig herunterstreichen.
3 Backchen.	3 Mit den Handinnenflächen leicht gegen die Wangen drücken.
4 stumm	4 Hände wegnehmen und das Kind anschauen.
5 Kriegst ein liebes	5 Dem Kind beim Sprechen lächelnd zunicken.
6 Schnackchen.	6 Gleichzeitig an beiden Bäckchen behutsam zupfen.
7 stumm	7 Gleiche Geste wie bei 1.
8 Eia – beia –	8 Wieder luftig an den Schläfen und Wangen herunterstreichen, wie oben bei 2.
9 baus.	9 Die Wangen leicht drücken, wie oben bei 3.
10 stumm	10 Wie oben bei 4.
11 Schnick – schnack –	11 Bei «Schnick» mit der rechten Daumen- und Zeigefingerkuppe zart an der Nase zupfen, bei «schnack» mit beiden Händen zart an den Bäckchen zupfen, wie bei 6.
12 aus.	12 Die Wangen des Kindes in die Hände nehmen und leicht drücken. Man kann auch, während man die Wangen drückt, den Kopf des Kindes neben seinen Kopf heranziehen. Eine weitere Möglichkeit: die Wangen nicht drücken, dafür das Kind in den Arm nehmen. Das Wort «aus» sehr gedehnt sprechen.

Je jünger das Kind ist, desto empfindlicher ist es für Berührungen im Kopf- und Brustbereich! Erst mit etwa zweieinhalb Jahren ist es in diesen Zonen für Berührungen empfangsbereit. Einige Kinder machen schon früher mit, zum Beispiel wenn die Erzieherin oder der Therapeut mit größeren Kindern das Spiel macht, streckt das kleine Kind bald sein Köpfchen hin und möchte das «Geschenk» auch haben. Bald will es dann bei der Mutter die Berührungen machen. – Ab etwa zweieinhalb Jahren verteilt es dann dieses «Geschenk» mit großer Freude und Ausdauer in seiner Umgebung.
Dieses Spiel ist ein Urbild für die Zärtlichkeit! Man leitet es ein mit den Worten: «Ich schenk dir was!»

Weiches Schöpfele

Weiches Schöpfele
auf dem Köpfele.
Weiches Schöpfele
auf dem Köpfele.
Krulle-krulle-krulle-krab.
Zipp! – Zapp!
Krulle-krulle-krulle-krab.
Zipp! – Zapp!

Text	Berührungen
1 Weiches Schöpfele auf dem Köpfele.	1 Mit den Fingerkuppen beider Hände vom Haaransatz an der Stirn sehr behutsam bis zur Kopfmitte durch das Haar krabbeln, die Kopfhaut des Kindes dabei kaum berühren. Alle Finger sind in leichter Bewegung.
2 Weiches Schöpfele auf dem Köpfele.	2 Die gleiche behutsame Bewegung wie bei 1, dieses Mal von der Kopfmitte bis zum Haaransatz im Nacken krabbeln.
3 Krulle-krulle-krulle-krab.	3 Leichtes Krabbeln mit den Fingerkuppen im Nacken (Hals) bis herum zu den Ohren.
4 Zipp! – Zapp!	4 Mit Zeigefinger- und Daumenkuppen an beiden Ohrläppchen gleichzeitig zupfen.
5 Krulle-krulle-krulle-krab.	5 Mit den Fingerkuppen am Hals unter dem Kinn krabbeln.
6 Zipp! – Zapp!	6 An den Ohrläppchen zupfen, wie bei 4.

Weitere Spielmöglichkeit:

7 Krulle-krulle-krulle-krab.	7 Leichtes Krabbeln mit den Fingerkuppen von den **Ohren** bis herunter zu den **Schultern**.
8 Zipp! – Zapp!	8 Mit den Kuppen von Zeigefinger und Daumen an beiden **Schultern** zugleich leicht zupfen.
9 Krulle-krulle-krulle-krab.	9 Leichtes Krabbeln mit den Fingerkuppen von den **Schultern** bis zu den **Ellenbogen**.
10 Zipp! – Zapp!	10 Die Fingerkuppen von Zeigefinger und Daumen zupfen behutsam an beiden **Ellenbogen**.
11 Krulle-krulle-krulle-krab.	11 Leichtes Krabbeln von den **Ellenbogen** bis herab zu den **Händen (Fingern)**.
12 Zipp! – Zapp!	12 Mit allen Fingerkuppen an den **Fingern** des Kindes zart zupfen. Jetzt tritt der Erwachsene hinter das Kind oder dreht es um, sodass der Rücken des Kindes zum Erwachsenen hin zeigt.
13 Krulle-krulle-krulle-krab.	13 Leichtes Krabbeln mit den Fingerkuppen vom **Hinterkopf** bis in den **Nacken**.
14 Zipp! – Zapp!	14 Mit Zeigefinger- und Daumenkuppen gleichzeitig mit beiden Händen behutsam im **Nacken** zupfen.
15 Krulle-krulle-krulle-krab.	15 Leichtes Krabbeln vom **Nacken** bis zu den **Schulterblättern**.
16 Zipp! – Zapp!	16 Mit allen Fingerkuppen an den **Schulterblättern** leicht zupfen.
17 Krulle-krulle-krulle-krab.	17 Leichtes Krabbeln von den **Schulterblättern** bis herunter zum **Steißbein (Poansatz)**.
18 Zipp! – Zapp!	18 Mit allen Fingerkuppen am **Poansatz** fein zupfen. Danach die Hände, mit den Fingerspitzen nach unten, einen Augenblick auf den Po auflegen.
19 Ei!	19 Mit den flachen Händen – die Fingerspitzen nach oben – den ganzen **Rücken** vom **Nacken** bis zum **Poansatz** sehr behutsam herunterstreichen. Alles sehr ruhig ausführen, fast singend sprechen. Alle Fingerberührungen sind hauchzart auszuführen, wie eine Luftschicht zwischen sich und dem Kinderkörper lassend.

Schwupp

Schwupp! – Öhrchen weg.
Aaaaah – wieder da!
Zip – zap – zip – zap.

Schwupp! – Näschen weg.
Aaaaah – wieder da!
Schnick – schnick.

Schwupp! – Bäckchen weg.
Aaaaah – wieder da!
Schnack – schnack.

Schwupp! – Lippchen weg.
Aaaaah – wieder da!
Bö – bö – bö – bab.

Schwupp! – Kindchen weg.
Aaaaah – wieder da!
Ei – jei – jei – jei.

Text	Berührungen
1 Schwupp! – Öhrchen weg.	1 Der Erwachsene deckt sich bei «Schwupp» **seine eigenen Ohren** zu.
2 Aaaaah – wieder da!	2 Die Hände langsam vom bedeckten Körperteil wegnehmen, bei dem gedehnt gesprochenen «Aaaaah» und bei «wieder da» das Kind anlächeln und ihm zunicken.
3 Zip – zap – zip – zap.	3 Mit den Daumen und Zeigefingern zart an den **Öhrchen des Kindes** zupfen.
4 Schwupp! – Näschen weg.	4 Der Erwachsene bedeckt sich mit einer Hand **seine eigene Nase**.
5 Aaaaah – wieder da!	5 Wie oben bei 2.
6 Schnick – schnick.	6 Mit Daumen und Zeigefinger **am Näschen des Kindes** zupfen.
7 Schwupp! – Bäckchen weg.	7 Mit beiden Händen **die eigenen Wangen** bedecken.
8 Aaaaah – wieder da!	8 Wie oben bei 2.

9 Schnack – schnack.	9 Mit Daumen und Zeigefinger an den **Bäckchen des Kindes** zupfen.
10 Schwupp! – Lippchen weg.	10 Mit einer Hand die **eigenen Lippen** bedecken.
11 Aaaaah – wieder da!	11 Wie oben bei 2.
12 Bö – bö – bö – bab.	12 Mit der Zeigefingerkuppe streicht sich der Erwachsene **selbst** sehr leicht über **beide Lippen**. Im Rhythmus der Silben «Bö – bö – bö – bab»: hin – her – hin – her.
13 Schwupp! – Lippchen weg.	13 Wie oben bei 10.
14 Aaaaah – wieder da!	14 Wie oben bei 2.
15 Bö – bö – bö – bab.	15 Dieses Mal mit der Zeigefingerkuppe sehr leicht über **beide Lippen des Kindes** hin- und herstreichen.
16 Schwupp! – Kindchen weg.	16 Mit beiden Händen **das eigene Gesicht** bedecken.
17 Aaaaah – wieder da!	17 Wie oben bei 2.
18 Ei – jei – jei – jei.	18 Das Kind in die Arme nehmen und liebevoll an sich drücken.

Man kann bei diesem Spiel auch nur zwei oder drei Körperteile verschwinden lassen. Je jünger das Kind ist, umso kürzer sollte das Spiel sein.

Ursprünglich war das Spiel von Wilma Ellersiek so konzipiert, dass der Erwachsene die benannten Körperteile am Körper des Kindes bedeckt. Die Praxis hat aber gezeigt, dass Kinder eine viel bessere Wahrnehmung von den verschwindenden und wieder auftauchenden Ohren, Bäckchen usw. haben, wenn der Erwachsene sie an sich selbst bedeckt. Mit den zupfenden, tupfenden und streichenden Berührungen die dann am Kinderleib ausgeführt werden, erlebt das Kind: Ich habe diese Körperteile alle auch.
Die Wiederholung der Punkte 10 bis 12 ist dann wichtig, wenn die Kinder dieses Spiel erstmals erleben und die doch sehr intime Berührung der Lippen noch nicht kennen. Deshalb ist es gut, wenn der Erwachsene das «Bö – bö – bö – bab» erst an sich selbst ausführt und beim zweiten Mal dann am Kind. Diese Wiederholung kann entfallen, wenn das Kind mit dem Spiel gut vertraut ist.

Troppe – Tröpfele

Troppe – Tröpfele
auf das Köpfele!
Troppe – Tröpfele
auf die Nas'!
Troppe – Tröpfele
auf das Gras!
Troppe – Tröpfele
alles – alles – alles nass!

Text	Berührungen
1 Troppe – Tröpfele auf das Köpfele!	1 Die Arme hoch über den Kopf des Kindes erheben (Ellenbogen nicht durchstrecken). Die Handinnenflächen zeigen nach unten, die Fingerspitzen sind einander zugewendet. Die Hände mit sich fortwährend bewegenden Fingern (die Fingerkuppen stellen die Regentropfen dar) zum Kopf herunterführen und ihn bei dem Wort «Köpfele» mit den Fingerkuppen zart berühren.
2 stumme Bewegung	2 Die Arme und die Hände ruhig über den Kopf zurückführen (Ausgangshaltung).
3 Troppe – Tröpfele	3 Man lässt es wieder regnen, wie oben bei 1.
4 auf die Nas'!	4 Bei «Nas'» die Nase des Kindes behutsam mit den Fingerkuppen berühren. Das Wort «Nas'» gedehnt sprechen.
5 stumme Bewegung	5 Die Arme und die Hände ruhig über den Kopf zurückführen.
6 Troppe – Tröpfele	6 Man lässt es wieder regnen, wie oben bei 1.

7 auf das Gras!	7 Sitzt das Kind, lässt man es ihm bis auf die Oberschenkel herab regnen, liegt das Kind, fällt der «Regen» bis auf die Füße. Das jeweilige Körperteil mit den Fingerkuppen behutsam berühren. Das Wort «Gras» gedehnt sprechen.
8 stumme Bewegung	8 Die Arme und die Hände ruhig über den Kopf zurückführen.
9 Troppe – Tröpfele	9 Man lässt es wieder regnen, wie oben bei 1.
10 alles – alles – alles nass!	10 Mit dem ersten «alles» sind die Fingerkuppen am Kopf angelangt, von dort den ganzen Körper herunter «regnen» lassen, die Arme und Hände des Kindes mit einbeziehen. Alle Berührungen sind zart. Die folgenden «alles» zeitlich so verteilen, dass sie die Bewegung bis zu den Oberschenkeln oder den Füßen begleiten. Nr. 10 kann wiederholt werden, dann aber lässt man es, am Kopf beginnend, den Kinderrücken hinunter «regnen».

Man kann sich das Kind auf den Schoß setzen, es mit einem Arm halten und das Spiel dann mit dem freien Arm ausführen.
Das nachfolgende «Trockenreiben» eignet sich in zweierlei Weise hervorragend als Ergänzungsspiel:

1. Das Kind war nass vom Regen, also muss man es abtrocknen.
2. Das «Trockenreiben» ergänzt die sehr zarte Berührung durch eine kräftige, herzhafte. Das Kind kann sich dabei freudig erfühlen, mit Jauchzen gibt es seinem Wohlbehagen Ausdruck.

Trocken-Reiben

Rubbe-rubbe-rubbe-rab.
Rubble ich mein Kindchen ab.
Rubbe-rubbe-rubbe-rab.
Rubbe-rubbe-rubbe-rab.
Muss mein Kindchen trocken reiben.
Nass soll doch mein Kind nicht bleiben.
Rubbe-rubbe-rubbe-rab.
Rubble ich mein Kindchen ab.

Alles trocken?
Füße – Beine – und der Bauch –
Hände – Arme – Ohren – Nase –
Köpfchen – und der Rücken auch?

Trocken alles! – Alles trocken!
Ich nehm' mein Kind noch in den Arm
und halt' es wumme-wumme-warm!

Hinweis:
Der Erwachsene reibt mit den Handflächen den Körper des Kindes und spricht dabei rhythmisch den Text. Er nimmt sich der Reihe nach die Körperteile vor. Es ist wichtig, immer eine Zäsur einzuschieben, bevor man ein anderes Körperteil abreibt. Das Abreiben kann kräftig sein, es macht den Kindern Freude. Allerdings muss der Erwachsene die Verfassung des Kindes wach wahrnehmen; was dem Kind am einen Tag gefällt, kann am anderen Unbehagen auslösen.

Text	Berührungen
1 Rubbe-rubbe-rubbe-rab.	1 Den **Kopf** des Kindes reiben.
2 Rubble ich mein Kindchen ab.	2 Das **Gesicht** sanft «abtrocknen».
3 Rubbe-rubbe-rubbe-rab.	3 Einen **Arm** des Kindes «trocknen».
4 Rubbe-rubbe-rubbe-rab.	4 Den **anderen Arm** abreiben.
5 Muss mein Kindchen trocken reiben.	5 Den **Bauch** des Kindes «trocknen».
6 Nass soll doch mein Kind nicht bleiben.	6 Den **Rücken** abreiben.
7 Rubbe-rubbe-rubbe-rab.	7 Ein **Bein** abrubbeln.
8 Rubble ich mein Kindchen ab.	8 Das **andere Bein** rubbeln.
9 Alles trocken?	9 Mit der Reibebewegung innehalten und die Frage stellen: «Alles trocken?»
10 Füße – Beine – und der Bauch – Hände – Arme – Ohren – Nase – Köpfchen – und der Rücken auch?	10 Der Reihe nach die genannten Körperteile anfassen und prüfen, ob sie trocken sind, und jedes Mal bestätigend nicken. Dieses «Prüfen» ist eine sanft streichende Berührung, die nach dem kräftigen, belebenden Reiben eine Beruhigung für das Kind bringt. Das Spiel klingt allmählich aus.
11 Trocken alles! – Alles trocken!	11 Das Kind bestätigend anschauen, jeweils bei dem Wort «trocken» dem Kind zunicken.

12 Ich nehm' mein Kind noch in den Arm	12 Das Kind in den Arm nehmen und an sich drücken.
13 Und halt' es wumme-wumme-warm!	13 Das Kind in den Armen eine Weile hin- und herwiegen oder drehen.

Es kann sein, dass das Kind beim «Nachprüfen» sagt, dass ein Körperteil noch nicht trocken ist und ihn nochmals hinhält zum Trockenreiben. Dann reibt man noch einmal mit «Rubbe-rubbe-rubbe-rab, reibe ich es noch mal ab!» und schließt mit den Worten «So – jetzt ist es trocken!»
Das «Trockenreiben» kann natürlich auch als selbstständiges Spiel, ohne das Regenspiel «Troppe-Tröpfele», gespielt werden, nach dem Waschen oder Baden oder nach einem tatsächlichen Regenguss, mit Handtuch. Manches Kind, das sonst Schwierigkeiten machen würde, lässt sich mit diesem rhythmischen Vers gerne kräftig abrubbeln. Wenn man das Kind auf dem Schoß im Arm hält, reibt man es nur mit einer Hand ab.
Falls man nur ein Fußbad für das Kind machen möchte, «rubbelt» man, solange man den Text von 1–8 spricht, gründlich die Füße und Unterschenkel des Kindes ab. Bei Punkt 9 angekommen, ändert sich der Text folgendermaßen:

9 Alles trocken?	9 Mit der Reibebewegung innehalten und die Frage stellen: «Alles trocken?»
10 Zehen, Sohlen und der Rist, Fersen, Waden und das ganze Bein?	10 Der Reihe nach die genannten Körperteile anfassen und prüfen, ob sie trocken sind, und jedes Mal bestätigend nicken.
11 Trocken alles! – Alles trocken!	11 Das Kind bestätigend anschauen, jeweils beim Wort «trocken» dem Kind zunicken.
12 So soll's sein, so soll's sein.	12 Die Füße des Kindes nacheinander mit beiden Händen liebevoll umschließen – für jeden Fuß einmal den Text «so soll's sein» sprechen.

Da lacht es, mein Kindlein

In die Augen vom Kindlein
schau tief ich hinein.

Auf das Näschen
gibt's einen Tupf!

Am Öhrchen
mach ich: zupf – zupf!

Das Ärmchen
streiche: ei – ei, ich hinunter.

Ins Handele
patsch – patsch
patsche ich munter.

Krr – krrr! – Krr – krrrr!
Krabbele 's Bäuchlein.

Ha – haa! – Ha – haa!
Da lacht es, mein Kindlein.

Text	Berührungen
1 In die Augen vom Kindlein schau tief ich hinein.	1 Der Erwachsene legt seine Hände seitlich an die Bäckchen des Kindes und lächelt es an.
2 Auf das Näschen gibt's einen Tupf!	2 Bei dem Wörtchen «Tupf» mit der Zeigefingerkuppe auf die Nasenspitze des Kindes tupfen.
3 Am Öhrchen mach ich: zupf – zupf!	3 Bei «zupf – zupf» an beiden Ohrläppchen des Kindes gleichzeitig oder nacheinander zupfen. Das Zupfen ist behutsam, keinesfalls plötzlich.
4 Das Ärmchen streiche: ei – ei, ich hinunter.	4 Den rechten und den linken Arm des Kindes je einmal herunterstreichen. Auch hier kann jeder Arm einzeln oder aber beide Arme können gleichzeitig gestrichen werden.

5 Ins Handele patsch – patsch,
patsche ich munter.

5 Der Erwachsene nimmt die rechte Hand des Kindes mit der Innenfläche nach oben in seine linke. Er patscht viermal leicht in die Kinderhand hinein, jeweils bei dem Wort «patsch» und ein letztes Mal betont auf das Wort «munter».

6 Krr – krrr! – Krr – krrr!
Krabbele 's Bäuchlein

6 Mit allen Fingern seiner rechten Hand krabbelt der Erwachsene auf dem Bauch des Kindes. Bei dem Wort «Bäuchlein» mit der flachen Hand den Bauch tätscheln.

7 Ha – haa! – Ha – haa!
Da lacht es, mein Kindlein!

7 Das Kind anlachen.
Das Kind in die Arme nehmen, liebevoll an sich drücken und leicht hin- und herdrehen.

So fein

Feine, feine Beine,
süße, weiche Füße,
Zehen, groß und klein,
hat mein Kindelein,
hat mein Kindelein.

Hie – hie – hie!
Runde, runde Knie.
Und auch – und auch
einen runden Bauch.

Arme, weich und fein,
winzig liebe Hände,
Fin-ger, dick und klein,
hat mein Kindelein,
hat mein Kindelein.

Hie – hie – hin!
Rundes, rundes Kinn.
Lippen, zart,
Näschen, klein,
Äuglein, blank.

Bäckchen, rund,
glatte Stirn –
und ein blondes* Schöpfchen
hat es auf dem Köpchen.

Ei – ei – ei!
Ei, so fein, so fein,
ist mein liebes Kindelein!

Text	Spielanleitung
1 Feine, feine Beine,	1 Die Erzieherin streicht mit ihren Händen behutsam die Beine des Kindes herunter.
2 süße, weiche Füße,	2 Sie nimmt die Füße des Kindes in ihre Hände und drückt sie zart.
3 Ze-hen, groß und klein, X X X X X	3 Mit Daumen, Zeige- und Mittelfinger jeder Hand zupft die Erzieherin jeweils bei X der Reihe nach vom großen bis zum kleinen Zeh am Kinderfüßchen.
4 hat mein Kindelein, X X X X X	4 Das Zupfen der Zehen in gleicher Reihenfolge wiederholen.
5 hat mein Kindelein.	5 Die Füße in die Hände nehmen und liebevoll schütteln.
6 Hie – hie – hie!	6 Jetzt krabbeln die Finger der Erzieherin von den Füßen des Kindes über die Unterschenkel hinauf bis zu den Knien.
7 Runde, runde Knie.	7 Mit den Händen die Knie des Kindes tätscheln.

<table>
<tr><td>8 Und auch – und auch
(rechts) (links)</td><td>8 Erst die rechte, dann die linke Hand flach auf den Bauch des Kindes legen. (Oder zweimal die rechte Hand.)</td></tr>
<tr><td>9 einen runden Bauch.</td><td>9 Mit flachen Händen den Bauch tätscheln.</td></tr>
<tr><td>10 Arme, weich und fein,</td><td>10 Die Erzieherin streicht mit ihren flachen Händen behutsam die Arme von den Schultern bis zu den Handgelenken herunter.</td></tr>
<tr><td>11 winzig liebe Hände,</td><td>11 Sie nimmt die Hände des Kindes in die ihren und drückt sie liebevoll.</td></tr>
<tr><td>12 Fin-ger, dick und klein,
X X X X X</td><td>12 Wie oben bei 3 beschrieben, jetzt vom Daumen beginnend an den Fingern zupfen.</td></tr>
<tr><td>13 hat mein Kin-de-lein,
X X X X X</td><td>13 Das Zupfen wiederholen.</td></tr>
<tr><td>14 hat mein Kindelein.</td><td>14 Das Kinderhändchen mit den eigenen Händen umfassen und liebevoll schütteln.</td></tr>
<tr><td>15 Hie – hie – hin!</td><td>15 Die Finger der Erzieherin krabbeln jetzt über die Brust des Kindes hinauf zum Kinn.</td></tr>
<tr><td>16 Rundes, rundes Kinn.</td><td>16 Sie nimmt das Kinn des Kindes zwischen ihren Daumen und Zeigefinger und tätschelt es.</td></tr>
<tr><td>17 Lippen, zart,
Näschen, klein,
Äuglein, blank.</td><td>17 Die genannten Körperteile mit den Zeigefingerspitzen zart betupfen.</td></tr>
<tr><td>18 Bäckchen, rund,</td><td>18 Die Bäckchen zwischen alle Fingerkuppen nehmen und leicht tätscheln.</td></tr>
<tr><td>19 glatte Stirn –</td><td>19 Von der Stirnmitte streicht die Erzieherin zart mit ihren Fingerkuppen zu den Schläfen.</td></tr>
<tr><td>20 und ein blondes* Schöpfchen</td><td>20 Die flachen Hände leicht auf das Haar des Kindes legen.</td></tr>
<tr><td>21 hat es auf dem Köpchen.</td><td>21 Behutsam das Haar des Kindes wuscheln.</td></tr>
<tr><td>22 Ei – ei – ei!</td><td>22 Vom Kopf bis zu den Schultern herabstreichen.</td></tr>
<tr><td>23 Ei, so fein, so fein, ist mein liebes</td><td>23 Jetzt von den Schultern bis zu den Füßen herabstreichen.</td></tr>
<tr><td>24 Kindelein!</td><td>24 Beim Wort «Kindelein» die Füße des Kindes in die Hände nehmen, leicht drücken und schütteln.</td></tr>
</table>

* braunes, schwarzes, dunkles, helles, rotes.

Selbstberührungs- und Partnerberührungsspiele

Möchte träumen gern vom Schnei'n

Ich lieg in meinem Bett
und schlafe ein.
Möchte träumen gern
vom Schnei'n – vom Schnei'n!
Wie Flöckchen im Traum, in der Nacht,
herniederschweben ganz sacht:

Dub! –
Dub! – Dub! – –
Dub! – mal hier.
Dub! – mal dort.
Dub! – Dub! immer so fort.
Dub! – Dub! leicht wie Flaum.
Dub! – Dub! im Traum – im Traum.

Die Mutter streichelt ihr müdes Kind
und sagt: «Schlaf ein, schlaf ein geschwind.
Schlaf ein, mein liebes Kindelein,
dann kannst du träumen
vom Schnei'n – vom Schnei'n!»

Dieses Spiel kann in zwei verschiedenen Formen gespielt werden: Einmal macht der Erwachsene alle Handgesten **an seinem Körper** vor, sodass das Kind nachahmend mitspielen kann (siehe Anleitung S. 77 f.). Die andere Möglichkeit ist, dass der Erwachsene die Bewegungen **am Kind** ausführt, es wird also ein Berührungsspiel daraus (siehe Anleitung S. 79f.).
Als Berührungsspiel sollte das «Möchte träumen gern vom Schnei'n» allerdings erst dann gepielt werden, wenn das Kind schon kleinere, einfachere Liebkoschen kennengelernt hat, zum Beispiel «Eia-beia-Backchen» oder «Ma-ma-meh».

Text

1 Ich lieg in meinem Bett
und schlafe ein.

Möchte träumen gern

vom Schnei'n – vom Schnei'n!

Handgestenvorschläge

Der Erwachsenen führt das Spiel an **seinem Körper** aus.

1 Der Erwachsene legt seine aufeinanderliegenden Hände an die linke Wange (Symbolgeste: Schlafen), und wiegt sich leicht nach links, nach rechts und nochmal nach links, nach rechts.

2 Wie Flöckchen im Traum,
in der Nacht,
herniederschweben ganz sacht:

2 Die Hände über den Kopf erheben und mit sich luftig bewegenden Fingern langsam abwärts führen: Es schneit!

3

Dub!
Dub! – Dub!
r l
Dub! – mal hier.

Dub! – mal dort.

Dub! – Dub!
r l

immer so fort.
r l
Dub! – Dub!
r l

3 Mit den Fingerkuppen folgende Körperpartien an sich selbst hauchzart betupfen:
die **Stirn**
die **rechte Wange**, dann die **linke Wange**,

die **Nase.**
Mit der Hand einen kleinen Bogen ausführen zum **Kinn** und dieses betupfen.

Mit der Hand einen kleinen Bogen ausführen zum **Schlüsselbein**, erst rechts, dann links betupfen,
rechts und links auf **Brustbeinhöhe**,

rechts und links auf **Brusthöhe**,

leicht wie Flaum.
r l
Dub! – Dub!
r l

rechts und links auf **Magenhöhe**,

rechts und links auf **Nabelhöhe**,

im Traum – im Traum.
r l

rechts und links auf die **untere Bauchregion** tupfen.
Zäsur!

4 Die Mutter streichelt
ihr müdes Kind

4 Sich selbst mit der rechten Hand von der Schulter bis zu den Fingerspitzen den linken Arm zart hinunterstreichen.

5 und sagt: «Schlaf ein,
schlaf ein geschwind.

5 Jetzt mit der linken Hand den rechten Arm hinunterstreichen.

6 Schlaf ein, mein liebes Kindelein,

6 Sich gleichzeitig mit beiden Händen vom Kopf über die Schläfen und über die Wangen zum Kinn herunterstreichen.

7 dann kannst du träumen

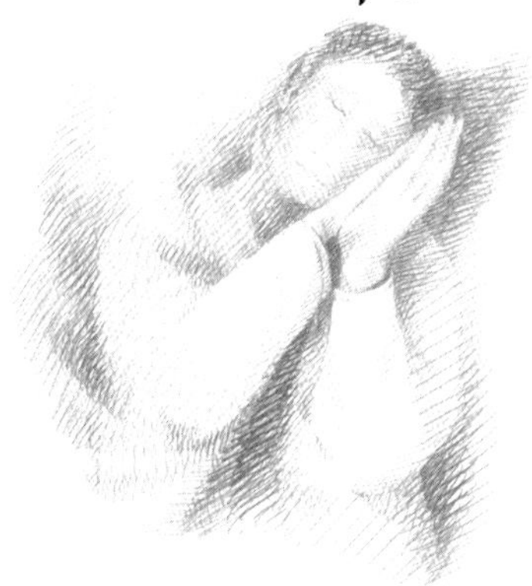

vom Schnei'n – vom Schnei'n!»

7 Wie oben bei 1.

Der Erwachsene führt das Spiel am Körper des Kindes aus.

Die Berührungen so behutsam wie nur möglich ausführen, es handelt sich um Schneeflocken, nicht um Regentropfen. Liegt das Kind bereits zugedeckt in seinem Bettchen, können die Berührungen auf der Bettdecke geschehen; sie sind auch so für das Kind wahrnehmbar. Die Bewegungen sind sehr langsam, dadurch wird das Schweben der Schneeflocken erlebbar.

Für die verschiednenen Ausgangsituationen – im Bett liegendes Kind, im Arm liegendes Kind, auf dem Schoß oder auf dem Stuhl / Boden sitzendes Kind – sind hier unterschiedliche Textvorschläge gegeben. Je nach Situation kann der Erwachsene die Berührungen am Kind mit nur einer Hand oder mit beiden Händen ausführen.

A *Das Kind wird ins Bett gebracht:*
Ich leg' mein Kind ins Bett hinein,
dann schläft es ein
und träumt vom Schnei'n.

B *Das Kind liegt bereits im Bett:*
Im Bettchen liegt mein Kindelein,
möchte träumen gern vom Schnei'n.

C *Das Kind liegt im Arm des Erwachsenen:*
Im Arm wieg ich mein Kindelein,
dann schläft es ein
und träumt vom Schnei'n.

D *Das Kind sitzt auf dem Schoß des Erwachsenen oder ihm gegenüber:*
a Jetzt spiel ich mit dem Kindelein,
möchte träumen gern vom Schnei'n.
b Jetzt spielen wir zu zwei'n,
möchten träumen gern vom Schnei'n.

Spielanleitung siehe Seite 80.

Egal, mit welcher der Situation entsprechenden Variante das Berührungsspiel begonnen wird, folgt dann der Text:

1 Wie Flöckchen im Traum,
in der Nacht,
herniederschweben ganz sacht.

1 Die Bewegungen für das Schneien so ausführen, wie sie in der Spieldurchführung für das Selbstberührungsspiel unter Nr. 2 (S. 77f.) erklärt sind. Je nach Situation mit einer oder beiden Händen.

2 Dub!
Dub! – Dub!
(Text weitersprechen wie Seite 77f., Punkt 3)

2 Die im Selbstberührungsspiel unter Nr. 3 (S. 77f.) beschriebenen Punkte am Körper des Kindes mit den Fingerkuppen hauchzart berühren. Situationsbedingt ein- oder beidhändig. Wenn der Erwachsene den Eindruck hat, dass es dem Kind guttut, oder wenn es selbst darum bittet, kann er noch weitere Berührungen mit dem dazugesprochenen «Dub» vornehmen, zum Beispiel Knie und Füße, oder Schulter, Ellenbogen, Hände usw.

3 Die Mutter streichelt ihr liebes Kind
und sagt: «Schlaf ein, schlaf ein geschwind.

3 Auch hier wieder situationsbedingt mit beiden Händen gleichzeitig oder nur mit einer Hand die Berührungen ausführen: zweimal von den Schultern über die Arme streichen, je einmal pro Textzeile.

4 Schlaf ein, mein liebes Kindelein,

4 Mit beiden Händen gleichzeitig oder mit einer Hand nacheinander vom Kopf über die Schläfen und Wangen bis zum Kinn herunterstreichen.

5 dann kannst du träumen
vom Schnei'n – vom Schnei'n.»

5 Je nach Lage das Gesicht des Kindes mit einer oder beiden Händen zuhalten, nicht fest auflegen.

6 Dub!

6 Hauchzart auf die Nasenspitze tupfen. Dann für eine Weile die Hand behutsam auf den Kopf oder die Wange des Kindes legen.

Hinweis:
Es ist wichtig, dass auch bei Wiederholungen immer wieder die gleichen Körperstellen berührt werden und das Spiel im selben zeitlichen Ablauf durchgeführt wird. Nur so kann das Beruhigende der Berührungen zur Wirkung kommen und ein Gefühl der Geborgenheit entstehen. Wichtig ist auch das melodische Sprechen: Die Stimme sinkt am Zeilenende nicht ab, sondern wird in der Schwebe gehalten. Eine vielfältige, nicht mit Noten erfassbare Sprachmelodie (Singsang) ist erwünscht; es ist ein liedhaftes Sprechen, jedoch wird die Grenze zum Gesang nicht überschritten.

Glitzt – glitzt und taut

Schneeflöckchen schweben vom Himmelszelt
leise hernieder auf die Welt.
Eins schwebt auf meinen Kopf!
Schaut! – Es glitzt – glitzt und taut.

Schneeflöckchen schweben vom Himmelszelt
leise hernieder auf die Welt.
eins schwebt auf meine Brust!
Schaut! – Es glitzt – glitzt und taut.

Schneeflöckchen schweben vom Himmelszelt
leise hernieder auf die Welt.
Eins schwebt auf mein Knie!
Schaut! – Es glitzt – glitzt und taut.

Schneeflöckchen schweben vom Himmelszelt
leise hernieder auf die Welt.
Eins schwebt auf meine Hand!
Schaut! – Es glitzt – glitzt und taut.

Schneeflöckchen schweben vom Himmelszelt
leise hernieder auf die Welt.
Eins schwebt auf meine Nas'!
Schaut! – Es glitzt – glitzt und taut.

Schneeflöckchen schweben vom Himmelszelt
leise hernieder auf die Welt.
Bis auf die Erde herab sie fliegen,
dort bleiben sie liegen.

Text

1 Schneeflöckchen schweben
vom Himmelszelt
leise hernieder auf die Welt.

2 Eins schwebt auf meinen Kopf!

3 Schaut! –

4 Es glitzt – glitzt

Bewegungen

1 Beide Hände sind die Schneeflöckchen. Jede Hand mit locker gebogenen Fingern und Daumen, Handinnenfläche nach unten, wie einen kleinen Fallschirm schweben lassen. Die Hände werden in kleinen, luftigen Bögen parallel auf und ab, hin und her, allmählich abwärts bewegt. Die Bewegung beginnt etwa in Stirnhöhe und endet etwa auf Höhe des Brustbeins.

2 Die rechte Hand (kleiner Fallschirm) ist jetzt das «eine Schneeflöckchen», das auf das Wort «Eins» langsam senkrecht bis über Kopfhöhe hochgeführt wird. Dabei gedehnt sprechen. Langsam schwebt das Schneeflöckchen wieder herunter, und bei dem Wort «Kopf» das Schneeflöckchen jetzt als lockere Faust mit der Daumenseite auf dem Kopf auflegen.

3 Ohne Stirnrunzeln in Richtung des Schneeflöckchens schauen.

4 Die rechte Hand zweimal zum Zuschauer hin spreizen, jeweils gleichzeitig mit dem Wort «glitzt» ausführen.

5 und taut.	5 Die lockere Faust mit der Daumenseite vom Kopf zur Schläfe und ein Stück seitlich über die Wange heruntergleiten lassen.
6 Schneeflöckchen schweben … etc.	6 Beim Refrain jedes Mal die unter Nr. 1 beschriebene Gebärde ausführen.
7 Eins schwebt auf … etc.	7 Jetzt ist wieder nur die rechte Hand das Schneeflöckchen, wie unter Nr. 2 beschrieben. Der Reihe nach schwebt das Flöckchen auf die Brust, das Knie, die Hand und die Nase. Wenn das Flöckchen taut, lässt man jedes Mal die lockere Faust von der betreffenden Körperstelle ein Stückchen herabgleiten. Sich Zeit lassen.
8 Bis auf die Erde herab sie fliegen,	8 Die Hände werden mit der bekannten Bewegung weiter heruntergeführt bis auf die Oberschenkel oder, falls man am Boden kniet, bis auf den Boden. Die Hände leicht und locker auf den Beinen oder dem Boden auflegen. Eine Weile stumm darauf schauen. Mit einem bestätigenden Nicken weitersprechen:
9 dort bleiben sie liegen.	

Wenn das Kind von sich aus Ideen bringt, wohin das Flöckchen noch schweben soll, kann der Erwachsene diese Ideen aufgreifen.
Auch als Partnerspiel möglich, dann heißt es zum Beispiel: «Schau! Es schwebt auf deinen Arm.»

Die Katz

Rhythmisch-musikalisches Erzählchen mit Handgesten

Wer schleicht heran mit leiser Tatz?
Das ist: die Katz! Miau!
Sie liegt im warmen Sonnenschein,
ei – ei, – schnurrt – schnurrt – schnurrt,
ei – ei, – schnurrt – schnurrt,
ei, – schnurrt –
und schläft ein. –

Text

1 stumm: – – – –
Z M Z M
Wer schleicht heran mit leiser Tatz?
Z M Z M
stumm: – – – –
Z M Z M

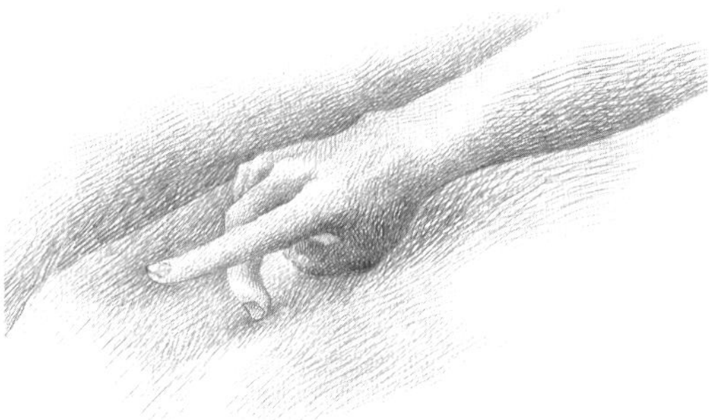

2 Das ist: die Katz!

Bewegungen

1 Die rechte Hand ist die Katze. Für den schleichenden Katzengang die rechte Hand zur Faust einrollen, Zeige- und Mittelfinger leicht gekrümmt aus der Faust herausstrecken und den Daumen auf den eingerollten Ringfinger legen. Die «Katze» schleicht von der rechten Hüfte langsam, aber geschmeidig über den rechten Oberschenkel. Für das Schleichen den Zeige- und den Mittelfinger mit den Fingerkuppen abwechselnd sehr behutsam auf den Schenkel aufsetzen, für jeden Schritt, den die «Katze» macht, den jeweiligen Finger weit vorstrecken, so als ob die Katze den Boden abtastet. Die ersten vier Schritte macht die «Katze» ohne sprachliche Begleitung, dann die Sprache wie angegeben dem Bewegungsrhythmus anpassen und noch weitere vier Schritte stumm hinzufügen. Jetzt ist die Katze fast am Knie angekommen.

2 Kurz vor dem Knie bleibt die «Katz» stehen, bei «das ist die» macht sie einen Buckel,

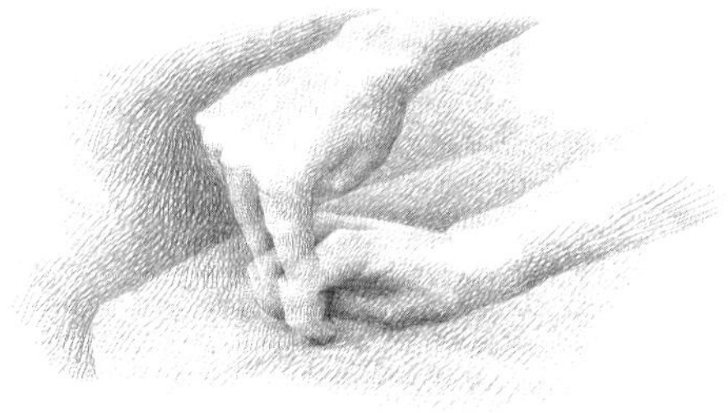

dafür das rechte Handgelenk so weit wie möglich hochwölben, ohne dass die «Pfoten» den Schenkel verlassen. Das Hochziehen des Handgelenks setzt sich bis in die Schulter hinauf fort. Bei dem Wort «Katz» die rechte Hand wieder zur lockeren Faust machen und diese und den Unterarm auf dem Oberschenkel ablegen.

3 Miau!

3 Die rechte Faust aus dem fest aufliegenden Handgelenk ein wenig anheben, dazu das «Miau» sprechen und die Faust wieder ablegen, wenn das «… au» erklingt. Den Tierlaut «Miau» unbedingt musikalisch gestalten, keinesfalls naturalistisch!

4 Sie liegt im warmen Sonnenschein,

4 Die Katze liebevoll anschauen. Den Text so sprechen, dass man die warmen Sonnenstrahlen spüren kann!

5 Ei – ei, –

5 Mit der linken Hand bei jedem «ei –» über Faust und den Unterarm bis zum Ellenbogen liebevoll streicheln. Das «ei –» fast singend sprechen. Dann das rechte Ohr in Richtung «Katze» neigen und horchen:

6 Schnurrt – schnurrt – schnurrt,
(oder:)
hrrrrrrrr – hrrrrrrr – hrrrrrrr,

6 Auf einer Tonhöhe dreimal das «Schnurrt» sprechen. Wer das Zungen-R beherrscht, macht dreimal mit der Zunge das Schnurrgeräusch «hrrrrrr – hrrrrrr – hrrrrrr». Jedes Mal mit einem luftig klingenden «h» das Zungen-R anlauten lassen. Die Lippen sind dabei wie für den Laut «u» zusammengezogen, dadurch bekommt das Schnurren einen schönen dunklen Klang. Wenn man nur mit dem Zungen-R schnurrt, sagt man nach dem dritten Mal: «Schnurrt!»

7 ei – ei, – schnurrt – schnurrt,
(hrrrrrrr – hrrrrrrr,)
ei, – schnurrt –
(hrrrrrrr –)

7 Wie oben bei 6. Nach dem letzten «schnurrt» etwas länger horchen. Bei der Ausführung mit dem Zungen-R nur noch das Geräusch erzeugen und nicht mehr das Wort «schnurrt» aussprechen.

8 und schläft ein. –

8 Die «Katze» anschauen, dann sehr langsam die rechte Faust auf den Kleinfingerrand drehen und dabei das Handgelenk stark abwinkeln, die «Katze» rollt sich zum Schlafen zusammen. Dazu gedehnt sprechen. Bei dem letzten Wort «ein» ruht die Faust bewegungslos auf dem Oberschenkel.
Die Kinder schweigend, aber heiter anschauen und einmal langsam nicken.

Armtrage- und Armhalteverse

Alle die Sternlein

Alle die Sternlein

Die Armtrage- oder Armhalteverse sind für das ganz kleine Kind gedacht. Mutter oder Vater halten das Kind auf dem Arm und stehen mit ihm zum Beispiel am Fenster, auf dem Balkon, im Garten oder auch im Park oder im Wald. Mutter oder Vater tragen das Kind mit einem Arm, der andere Arm ist frei, um die kleinen Gesten und Gebärden auszuführen.

Es ist anzustreben, dass das Kind so früh wie möglich zur Wahrnehmung der es umgebenden Natur angeregt wird. Gerade in der Großstadt oder auch im Haushalt, mit vielen maschinellen Geräuschen, ist es wichtig, die Sinne des Kindes für die natürlichen Eindrücke zu sensibilisieren. Die Freude, die es beim Sehen der Sterne oder beim Hören der Vogelstimmen empfindet, veranlagt für das spätere Leben ein Dankbarkeitsgefühl und entwickelt die Fähigkeit, in schwierigen Lebenssituationen, zum Beispiel durch das Hören der Vogelstimmen, Trost zu empfangen. Die Liebe zur Erde wird gebildet und damit das Bedürfnis, sie zu schützen.

Text	Spielanleitung
1 Alle die Sternlein am Himmelszelt	1 Kind auf dem Arm tragen, ans Fenster gehen und mit der freien Hand langsam zu den Sternen hinaufdeuten.
2 schauen hernieder auf unsre Welt.	2 Die freie Hand langsam herunterführen, auf die Welt deuten.
3 Funkeln im Dunkeln mit leuchtendem Strahl. 	3 Mit der Hand einen Halbkreis über oben beschreiben, den Himmelsbogen nachzeichnend.
4 Alle die Sternlein, wer kennt ihre Zahl? 	4 Mit der Hand den gleichen Halbkreis diesmal in Gegenrichtung beschreiben.
5 Alle die Sternlein am Himmelszelt	5 Wie oben bei 1 beschrieben.
6 schauen hernieder auf unsre Welt.	6 Wie oben bei 2 beschrieben.
7 (stumme Bewegung)	7 Die Wange des Kindes leicht streicheln und den Kopf des Kindes behutsam an sich drücken. Dabei schweigen.

zu Seite 88:

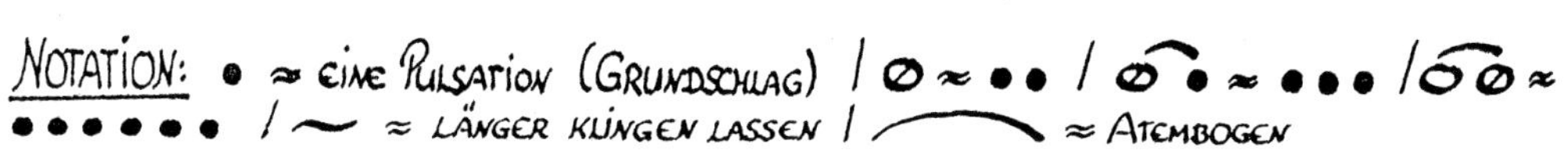

Ein Vögelein sitzt auf dem Baum

Ein Vögelein sitzt auf dem Baum.
So klein, so klein, man sieht es kaum.
Aber hören tut man's gut!
Piep-piiiep! – Piep-piiiep! – Piep-piiiep!
Horch! – Horch! – Es singt:
piep-piiiep! – piep-piiiep:
«Kindelein, ich hab' dich lieb!»

Text	Spielanleitung
	Das Kind ist auf dem Schoß oder auf dem Arm des Erwachsenen. Dieses Spiel ist besonders schön, wenn es am offenen Fenster mit Blick auf einen Baum gemacht wird!
1 Ein Vögelein sitzt auf dem Baum.	1 Der Erwachsene zeigt auf den Baum.
2 So klein, so klein, man sieht es kaum.	2 Der Erwachsene nimmt seine Hand an die Stirn, er sucht mit seinem Blick das Vögelein in den Zweigen.
3 Aber hören tut man's gut!	3 Der Erwachsene nimmt seine Hand ans Ohr und horcht auf das Singen.
4 Piep-piiiep! – Piep-piiiep! – Piep-piiiep!	4 Der Daumen und der Zeigefinger werden als Schnäbelchen aufeinandergelegt. Die anderen Finger werden eingerollt. Das Schnäbelchen jeweils auf das «i» in dem Wort «piep» öffnen und auf das «p» am Ende des Wortes «piep» wieder schließen.
5 Horch! – Horch! – Es singt:	5 Die Hand ans Ohr wie bei 3.
6 Piep-piiiep! – Piep-piiiep: «Kindelein, ich hab' dich lieb!»	6 Wiederum das Schnäbelchen im Sprachrhythmus (siehe Unterstreichungen) öffnen und schließen.

Abschluss:
Die Wange des Kindes liebevoll streicheln oder den Kopf an sich drücken, dabei sprechen: «Ich dich auch!»

Das Herz macht: Klopf – klopf – klopf …

Mutter oder Vater können das Kind liebevoll im Arm halten und folgenden Text leise zu ihm sprechen:

Ich nehm' dich in den Arm,
da liegst du weich und warm.
Leg' an mein Herz den kleinen Kopf.
Hörst du? Es macht:
Klopf – klopf – klopf.
Mein Kindlein, hör' nur her,
«Klopf – klopf – klopf, ich lieb dich sehr»,
«Klopf – klopf – klopf , ich lieb dich sehr.»

In Vaters Arm

Die Mutter sitzt mit dem Kind im Arm, der Vater steht dahinter und legt den Arm um Mutter und Kind. Die Mutter spricht den Text:

Der Vater legt den Arm um uns.
Mit seiner Hand das Kind er stützt.
Mutter und das Kindelein
fühlen sich bei ihm geschützt.
In Vaters Arm
ist es so warm! –

Die Wirkung der Spiele bei kranken Kindern

Da ist Robert, fünfeinhalb Jahre alt und an all seinen Extremitäten spastisch gelähmt. Er ist beständig in Bewegung, und nichts an ihm kann ruhen. Wenn er «sein Liebkoschen» (er liebt besonders «Eia-beia-Backchen») bekommt oder wenn er «Ulle-wulle» mitsprechen darf, dann ist er von Kopf bis Fuß nur Konzentration und die Ruhe selbst. Er kann in solchen Augenblicken weit über sich hinauswachsen, hat die Sprache einigermaßen zur Verfügung und seine Bewegungen auch. Wie er sich müht mitzusprechen und in der Gestik mitzuhalten und wie glücklich ihn das macht, ist ein eindrucksvolles Erlebnis. Wir von der Kinderklinik sind überzeugt, dass Ihre Handgestenspiele über die üblichen Fingerspiele weit hinausgehen und eine segensreiche, therapeutische Wirkung haben, dass sie in der ihnen eigenen Kombination von Bewegung, Sprache und Rhythmus (Musik) unseren Kindern verlorenes Land zurückgeben und dabei uns allen neues Land erschließen.

Dr. S., Stuttgart

Bericht eines Kinderarztes (Heilpädagogische Praxis)

Eindrucksvoll zeigt sich die Wirkung der Liebkoschen bei Therapien für Kinder mit seelischen Störungen. Der fünfjährige T. mit schwerem Hospitalismus und Autismus, der kaum sprach und wenn er es tat, dann mit piepsiger Stimme, drehte sich am liebsten auf allen vieren um sich selbst. Er lehnte Kontakt auf allen Ebenen weitgehend ab, geschlossene Fenster ertrug er nicht. Durch die regelmäßige Arbeit einer Heilpädagogin, die die Handgesten- und Berührungsspiele von Frau Professor Wilma Ellersiek als Zentrum ihrer Therapie hat, entwickelte T. allmählich eine zunehmende Offenheit und Vertrauen. Mittlerweile ist T. erwachsen. Anlässlich eines Besuches fragte er die Therapeutin: «Sie haben doch früher bei mir so was Schönes gemacht, können Sie mir das noch einmal zeigen?» Bereitwillig und freudig ließ er das «Eia-beia-Backchen» an sich machen. T. hat inzwischen einen mittleren Schulabschluss einer Regelschule bewältigt und ist lebenstüchtig geworden.

Dr. J. M., Hannover

Bericht einer Krankengymnastin

Ich arbeite als Krankengymnastin mit behinderten Kindern. Ihre Liebkoschen haben für meinen Berufsalltag sehr viel Bedeutung für mich bekommen. Als ich Ihre Spiele zum ersten Mal erlebte, empfand ich ein großes Glück, weil mich als Schwedin erst durch die Gesten die deutsche Sprache emotional und geistig tief erreichte. Seither benütze ich in meiner Therapie die Liebkoschen, damit fange ich an und höre auch damit auf. Ich bin erfreut, wie ich damit die Kinder erreichen und ihre Nachahmungskräfte wecken kann. Die Therapie wird dadurch allumfassend unterstützt. Für die Kinder und mich sind alle Ihre Spiele strahlende Sternchen im Therapie-Alltag.

A.-Ch. H.-E., Barsinghausen

Aus der Arbeit mit gehörlosen Menschen

Mangelnde Sprachbeherrschung ist für ein menschliches Wesen eine der furchtbarsten Katastrophen, denn nur mittels der Sprache können wir uns das Menschsein und die menschliche Kultur wirklich aneignen, frei mit unseren Mitmenschen kommunizieren und Informationen aufnehmen und weitergeben. Sind wir dazu nicht in der Lage, so sind wir auf bizarre Weise verkrüppelt und abgeschnitten, ja, wir können möglicherweise unsere geistigen Fähigkeiten so wenig umsetzen, dass wir den Eindruck Geistigbehinderter machen.

Gehörlosigkeit, wenn dem nicht vorgebeugt wird, kann zu einem Zustand führen, in dem der Betroffene sprachlos und unfähig zu denken ist. Sprache ist ein Teil des Denkens.

Im Bereich der Psychomotorik zeigen hörgeschädigte Kinder ebenfalls häufig Störungen. Diese zeigen sich in der verminderten Fähigkeit des Kindes, seine Bewegungen zu planen und zu steuern. Es hat zum Beispiel Schwierigkeiten, Sprache und rhythmische Bewegung wie Klatschen oder Gehen zu koordinieren. Ein berühmter Gehörlosenpädagoge – Antonius van Uden –, an dessen Schule ich die ersten Einblicke in die rhythmische Erziehung bei Gehörlosen gewann, sagt in seinem Buch *Die Welt der Sprache für gehörlose Kinder*: «Gehörlose Kinder haben ein fundamentales Bedürfnis einer totalen rhythmischen Erziehung von Kindheit an.»

Wie kann man aber rhythmisch-musikalische Erziehung an gehörlose Kinder im Vorschulalter heranbringen? Ich versuchte vieles auf empirische Weise und aus Fantasie und Intuition, und manches ist mir wohl auch durch meine Erfahrungen gelungen. Erst als ich die Handgestenspiele und die Spielkomplexrhythmik von Frau Professor Wilma Ellersiek kennenlernte, hatte ich das, was ich suchte, gefunden. Dieses Modell, für Vorschulkinder entworfen, ist auf wunderbare Weise gerade auch für gehörlose Kleinkinder der Weg, der ihnen hilft, die Tür zur Sprache zu öffnen. All die Spiele – vom Entchen Bibberlein, vom Wind, von Pöm und Pam, vom Kobold, immer wieder, viele Male zusammen mit den hörenden Kindern und den Müttern gespielt – erwecken ihre Neugier und bewirken ihr Staunen, bis sie anfangen, ihre Hände und Lippen mitzubewegen. Oft dauert es Wochen und Monate, bis dieses rhythmische Bewegen sie erfasst, aber es prägt sich ihnen ein. Es ist dann ein Freudentag, wenn das gehörlose Kind anfängt mitzubrummeln und «mitzusingen». Die Logopädie und die Gehörlosenpädagogik kann die Rhythmik nicht ersetzen, aber sie trägt dazu bei, das Sprechen zu einer fröhlichen Angelegenheit zu machen. Das gehörlose Kind, in das rhythmische Spiel eingetaucht, erlebt den Zusammenhang zwischen Wort und Tun, zwischen Wort und Hand (Handgesten). Es erlebt die Verwandlung in eine Blume, in einen Baum, und indem es zur Blume, zum Baum wird, durch die nachahmende Bewegung, versteht es, was eine Blume, ein Baum ist. Die Verschränkung von Bewegung und Sprache und die Einheit von Bewegung und Sprache sind der Zauberschlüssel, der im frühkindlichen Alter dem hörgeschädigten Kind die Tür zur Sprache öffnen kann.

U. B.-M., Stuttgart

Aus einer Schule für seelenpflege-bedürftige Kinder

Lange Zeit habe ich mit meinen seelenpflege-bedürftigen Erstklässlern das «Ma-ma-meh» gemacht. Die Kinder legten sich auf den Boden, geduldig wartend, bis sie an die Reihe kamen. Der stampfende, brüllende Volker wurde sanft und still. Julia, die Jüngste, saß eines Tages im Anschluss an das Spiel noch lange am Boden und betastete ihre Füße. «Ich habe Füße?», sagte sie und sah mich fragend an. Julia hatte ihre Füße entdeckt.

Lars ertrug die Berührung nur bis zum Bauch hinauf. Jeder Berührung des Kopfes wich er aus. Nach Wochen beobachtete er, dass ich mit einem Kind «Eia-beia-Backchen» spielte. Er stellte sich neben mich und sagte sehr leise: «Mach das auch mit mir.» Sehr langsam und behütend hielt ich meine Hände über seinen Kopf. Mit geschlossenen Augen und steifem Hals ertrug er diese Nähe.

Die mit einem besonderen und schweren Schicksal beladenen Kinder haben durch die Handgesten- und Berührungsspiele eine Inkarnationshilfe bekommen.

A. K., Hannover

Die Wirkung der Spiele bei Erwachsenen und alten Menschen

Die Wirkung des «Eia-beia-Backchen» bei einer Erwachsenen

Seit mehreren Jahren begegne ich in den Ferien jedes Mal Frau J. die auch als Gast dort weilt. Frau J. ist über 70 Jahre alt und sitzt im Rollstuhl. Eines Tages wirkte sie am Abend besonders erschöpft. Beim Gutenachtsagen fragte ich, ob ich ihr «etwas schenken» dürfte, und machte nach ihrer Einwilligung bei ihr das «Eia-beia-Backchen». Sie saß ganz still, ein Glanz lag auf ihrem Gesicht, und sie wirkte wie zutiefst befriedet.
Bei jedem gemeinsamen Aufenthalt bat sie mich fortan um das «Geschenk». Letztes Mal sagte sie: «Ach, machen Sie mir doch bitte noch einmal den ‹Segen›.» Sie meinte das «Eia-beia-Backchen».

K. H., Hannover

Erlebnis mit «Weiches Schöpfele» im Altenpflegeheim

M. kam zu meiner Betreuung etwas verspätet. Sie wirkte hastig, ließ mehrfach etwas fallen, stieß verschiedentlich an. Sie entschuldigte sich. Die Nervosität nahm zu, und ich fragte sie, was mit ihr sei. Sie sagte, dass es heute ganz schlimm sei, weil Mitarbeiter krank seien und sie zu ihrem ohnehin vollen Programm noch viel mehr Arbeit tun müsse. Sie sei im Stress und hetze nur noch atemlos durch die Zimmer. Ich bat sie, trotz der fehlenden Zeit sich erst einmal hinzusetzen. Dann sagte ich, sie möge sich von mir einmal «betreuen» lassen, und machte das «Weiche Schöpfele» bei ihr. Mehr und mehr ließ ihre Verspannung nach, und sie schloss ihre Augen. Am Ende des Berührungsablaufs atmete sie tief und erlöst durch. Auf meine Bitte blieb sie noch einige Minuten mit geschlossenen Augen sitzen, um das Spiel nachklingen zu lassen. Auf ihrem Gesicht lag ein leichtes Lächeln. Sie war ganz ruhig geworden. Dann arbeitete sie weiter. Alle Hast war aus ihren Bewegungen verschwunden, behände und sicher führte sie ihre Arbeit bei mir zu Ende.
Danach stellte sie sich lächelnd vor mich hin, hob und senkte die Arme mit einer tiefen Ausatmung und sagte staunend: «Alles weg (die Unruhe). So guttt, so guttt. Wie ein Wuundär. Daanke sär.» Sie ging leichten Schrittes hinaus. (M. ist Polin.)

W. E., Öschelbronn

«Alle fünf sind deine»

Als ich ins Altenpflegeheim kam, lag meine Nachbarin Frau M. schon seit zwei Jahren total bewegungsunfähig bis auf den Kopf, den sie etwas hin- und herwenden konnte, im Bett. Die Finger der an die Brust angezogenen Hände waren total verkrampft. Geistig war sie hell, nahm auf allen Ebenen wahr, was um sie herum geschah. Manches Mal kommentierte sie etwas mit unartikulierten Lauten. Als ich sie bei meinem ersten Besuch begrüßte, hob sie mir andeutungsweise ihre Hand entgegen. Das weckte meine Aufmerksamkeit, und ich versuchte

das «Alle fünf sind deine» bei ihr zu machen. Ich begann mit leicht veränderter Reihenfolge mit «dub–dub» auf die in die Hand gepressten Fingernägel, tippte behutsam, doch rhythmisch betont, vom kleinen Finger bis zum Daumen. Dann begann ich vom Daumen an die Finger soweit es ging zu lösen, dabei melodiös sprechend. Nach dem Ablauf hüllte ich die Hand mit meinen beiden Händen zart ein und wiegte sie sanft, soweit es möglich war. Frau M., die die Augen zuvor geschlossen hatte, lag jetzt mit weit geöffneten Augen staunend da. Nun machte ich nachmittäglich mit Frau M. diesen Ablauf. Jedes Mal sah ich diese staunenden Augen, Frau M. konnte es offenbar nicht fassen, dass sich ihre Finger und Hände bewegen ließen. Nach eineinhalb Wochen huschte, als ich begann, ein Lächeln über ihr Antlitz, und am Ende entrang sich ihrer Brust ein tiefer Seufzer der Erleichterung, lange Gestautes begann sich in ihr zu bewegen und zu lösen. Später kam dann noch ein Artikulationsversuch dazu: Es tönte «Ng aankö!» Das war ein Danke! Über viele Wochen machte ich diese Berührungsfolge mit rhythmisch-melodisch gestalteter Sprache, vergrößerte dabei allmählich die Schwingung und nahm das Streichen der Finger von der Wurzel bis zu den Spitzen hinzu. Das war in den Monaten möglich geworden.
Nach etwa sechs Monaten erlebte ich, dass Frau M. ihre Hand gelöst hochhielt und mit melodischem Summen diese leicht öffnete und schloss und sanft hin- und herwiegte. Ich blieb wie angewurzelt stehen, was ich da sah, war kaum fassbar. Aber es wurde noch mehr möglich! Wir beide kamen dahin, dass Frau M. den Zeige- und den Mittelfinger so lösen und halten konnte, dass sie, wenn ich ihr die Hand führte und die Choroi-Kinderharfe entsprechend günstig hinhielt, Töne und später sogar kleine Melodien zupfen konnte. Es war erschütternd und tief bewegend für mich, das intensive Bemühen dieses schwer behinderten Menschen zu erleben. Mehrere Male überraschte sie mich, dass sie, wenn ein Ton gezupft wurde, der nicht in die Melodienfolge passte, energisch protestierte. Als bei der Wiederholung der richtige Ton erklang, sagte sie deutlich: «Daas isser!» Die «Arbeitsatmosphäre» war voller Freude, und jedes Mal am Ende erklangen das «Ng aankö» und ein lauter, befreiender Seufzer. Dann lag sie mit strahlendem Antlitz und dem Ausdruck tiefer Befriedung in ihrem Bett.
Zweimal kam der Arzt hinzu, als wir «arbeiteten»; er stand dabei, hörte und schaute stumm zu. Staunen erfüllte ihn. Schließlich hob er die Augenbrauen und schüttelte verwundert seinen Kopf. Er dankte mir und bat um Fortsetzung dieser «Arbeit» (mit diesem «Spiel»). Welche Verwandlung von einem gequälten Bündel Mensch zu einem physich, seelisch und geistig tätigen Menschen war in Gang gesetzt, durch ein kleines künstlerisch gestaltetes Fingerberührungsspiel!

W. E., Öschelbronn

Wilma Ellersiek, ein Leben für den Rhythmus

In einem kleinen Ort in Schleswig-Holstein, direkt an der Ostseeküste erblickte Wilma Ellersiek am 15. Juni 1921 das Licht der Welt. Mit dem Rhythmus der Wellen, dem Rauschen des Windes mit Hunden, Katzen, Hühnern, Enten und einem Pferd als Spielkameraden erlebte sie eine naturverbundene Kindheit. Ihre Freunde waren, wie sie selbst sagt, die Blumen, die Bäume, der Sand und die Sterne. Aber besonders das Phänomen des Rhythmus, das am Meer in vielschichtiger Weise erlebbar ist, wird Wilma Ellersiek ihr ganzes Leben lang begleiten. Rückblickend empfindet sie ihre Kindheit als ein fast himmlisches Leben im Rhythmus der Natur. Im Elternhaus bekommt sie Anregungen im musikalisch-künstlerischen und sprachlich-literarischen Bereich. Einerseits die Natur, andererseits die Kultur – eine ideale, wundervolle und aufbauende Atmosphäre zur Menschwerdung.
Im Jahr 1927 zieht die Familie Ellersiek nach Westfalen. Wiederum hat die kleine Wilma das Glück, neben einem Bauernhof zu wohnen, die geliebten Tiere bleiben also weiterhin ihre Kameraden. Neu ist für sie der Eindruck der im Wind wogenden Kornfelder, eine andere Art von rhythmischer Wellenbewegung. Jetzt kommen auch erste Kinderbegegnungen im Kindergarten und bald schon in der Schule hinzu. Die gemeinsame Zeit ist erfüllt vom Singen, Tanzen und Deklamieren, ja, die ganze Kinder- und Jugendzeit empfindet sie in der Rückschau als eine von Musik und Rhythmus durchdrungene Zeit – eine gute Basis für ihren späteren Werdegang.
Wilma Ellersiek beendet die Schule mit dem Abitur und beginnt im Jahr 1941 in Leipzig zu studieren. Sie belegt zunächst die Fächer Schulmusik, Germanistik und Kunstgeschichte. Durch eine schwere Erkrankung muss sie das Studium unterbrechen, hinzu kommen Kriegswirren, die im Jahr 1945 die Familie dazu zwingen, aus dem Osten zu fliehen. In Essen nimmt Wilma Ellersiek ihr Studium an der Folkwangschule wieder auf, allerdings wechselt sie den Studiengang. Das neue Fach ist die rhythmisch-musikalische-Erziehung. Dieses Studium setzt sie in Stuttgart an der Staatlichen Hochschule für Musik und Darstellende Kunst fort. Dort bekommt sie Unterricht bei Elfriede Feudel, der Meisterschülerin des Begründers der Rhythmik, Emile Jaques-Dalcroze. Wilma Ellersiek belegt in Stuttgart außer der Rhythmik auch den Studiengang Sprecherziehung und schließt beide Fächer 1957 mit dem Staatsexamen ab. Die Rhythmik ist ihr jetzt zum Lebensinhalt geworden. Sie bleibt als Assistentin an der Stuttgarter Musikhochschule in den Abteilungen «Rhythmik», «Schauspiel» und «Gesprochenes Wort». Nach der Assistenzzeit wird ihr eine Dozentenstelle

angeboten, später wird sie Professorin. Neben ihrer Arbeit an der Hochschule führt sie Regie an Opern- und Schaupielhäusern, unter anderem in Stuttgart, Wien und London.

Wieder ist es eine schwere Erkrankung, die einen entscheidenden beruflichen Umbruch einleitet, und wieder ist es der Rhythmus, der sie fasziniert. Wilma Ellersiek wendet sich nun der Erforschung des Rhythmus in seiner Wirkung in der Bewegung, in der Sprache und in der Musik speziell beim kleinen Kind zu. Ihre Arbeit an diesem Thema erregt Aufsehen, 1968 erhält sie vom Land Baden-Württemberg einen einschlägigen Forschungsauftrag. Aus diesem Impuls heraus entstehen die ersten «Gestenspiele» für das Kind im Vorschulalter. Aus diesen kleinen Gestenspielen entwickelt sie Schritt für Schritt, mit beneidenswerter Intuition, aber auch enormer Akribie und Sorgfalt große, zusammenhängende Spieleinheiten in gereimter Sprache, durchwoben vom Rhythmus und der Musik. Sie nennt ihre Kurse zunächst «Elternschule», denn ihre Idee ist es, die Kinder zusammen mit den Müttern oder den Vätern zu unterrichten. Die Stuttgarter Musikhochschule richtet innerhalb des Faches Rhythmik für Wilma Ellersiek in den späten sechziger Jahren den Teilbereich «Rhythmik in der Vorschulzeit» ein. In diese Zeit fällt auch die Begegnung mit der «Urmutter» der Waldorfkindergärten, Klara Hattermann, mit der sie sich bis zum heutigen Tag in inniger Feundschaft verbunden fühlt. Klara Hattermann nimmt die neuen Spiele mit Interesse wahr, sie begleitet Wilma Ellersiek durch mancherlei Schwierigkeiten und ermutigt sie immer wieder weiterzumachen, sie trägt die Spiele in Kursen in die Welt hinaus – wie auch einige von Wilma Ellersieks Stuttgarter Studentinnen. Nach 25 Jahren intensiver Lehrtätigkeit verlässt sie 1983 die Hochschule und geht in den Ruhestand. Der Lehrpflicht enthoben, wird Wilma Ellersiek besonders kreativ. Viele Spiele entstehen jetzt, darunter all die Liebkoschen und die vielen Wiegenlieder. In dieser Zeit bildet sich auch in Hannover um Klara Hattermann ein Interessenkreis, der sich intensiv um all die Spiele von Wilma Ellersiek bemüht und für die möglichst urhebergetreue Verbreitung sorgt.

Am 27. Oktober 2007 ging Wilma Ellersiek in den frühen Morgenstunden über die Schwelle des Todes. Trotz ihrer schwachen Konstitution hat sie ein langes und reiches Leben gelebt, immer wieder gegen schwere Krankheiten ankämpfend. Dennoch war ihr in der zweiten Hälfte ihres Lebens nichts wichtiger als das Wohl des kleinen Kindes. Die Zartheit des kindlichen Wesens und die Angriffe der materialistischen Welt auf die Kinderseelen haben sie veranlasst, all die schönen Spiele zu entwickeln. Sie sind eben nicht nur Spiele im eigentlichen Sinn, sondern Kunstwerke, durchpulst vom Rhythmus der Sprache und der Musik und der Liebe zum Kind. Sie sind der Natur abgelauscht – in phänomenologisch stimmiger Weise gelingt es Ellersiek, im künstlerisch gestalteten Rhythmus der Sprache und den entsprechend passenden Bewegungen den Wind, die Blumen, die Tiere, die Sonne, den Mond und die Sterne in Form kleiner musikalischer Geschichten dem Kind nahezubringen. Auf diese Weise schenkt sie den Kindern heute durch die in den Spielen schwingenden heilsamen, natürlichen Rhythmen etwas von ihrer eigenen naturverbundenen Kindheit.

Ingrid Weidenfeld

Anmerkungen

1 Karl Lorenz, *Rhythmik in der Erziehung,* Heft 3/1981, Kallmeyer, Wolfenbüttel.
2 *Nachahmend lebt sich das Kind in die Welt ein.* Aufsatz von Klara Hattermann, erschienen im Weleda-Almanach.
3 Emmi Pikler, *Friedliche Babys – zufriedene Mütter. Pädagogische Ratschläge einer Kinderärztin.* Freiburg [10]2000.
4 *Die vorgeburtliche Bindung zwischen Mutter und Kind*. Aufsatz von Dr. Jürgen Möller, Hannover.

Adressen

insel – Institut für die Spiele von
Wilma Ellersiek e.V.
Postfach 70 03 38
70573 Stuttgart
www.handgestenspiele.de

Vereinigung der Waldorfkindergärten e.V.
Bundesgeschäftsstelle:
Le Quartier Hornbach 15
67433 Neustadt/Weinstraße
Deutschland
Telefon: +49(0)6321-959686
Telefax: +49(0)6321-959688
info@waldorfkindergarten.de

Die Herausgeber

Irmela Möller. Geboren 1944 bei Stuttgart. Ausbildung zur Heilpädagogin am Rudolf Steiner Seminar in Eckwälden / Bad Boll. Drei eigene Kinder. Mitarbeit auf der Kinderstation der Filderklinik und dann in ärztlicher Praxis mit ambulanter heilpädagogischer Arbeit, bei der intensiv die Berührungs- und Handgestenspiele angewendet werden.

Dr. Jürgen Möller. Geboren 1942 in Hamburg. Kinderarzt und Arzt für Kinder- und Jugendpsychiatrie in freier Praxis in Hannover mit Schwerpunkt Anthroposophische Medizin, Homöopathie und Familientherapie. Seit 1983 mit dem Werk von Wilma Ellersiek bekannt und mehrere persönliche Begegnungen mit ihr. Einsatz der Berührungs- und Handgestenspiele zur Therapie in der Praxis.

Ingrid Weidenfeld. Geboren 1956 in Stuttgart. 1975 bis 1982 Rhythmik- und Violinstudium an der Hochschule für Musik und Darstellende Kunst Stuttgart. Innerhalb des Regelstudiums Rhythmik-Spezialausbildung bei Frau Prof. Wilma Ellersiek im Fach «Rhythmik für das Vorschulkind». Diplom-Abschluss in beiden Studiengängen.
1978 bis 1984 intensive Unterrichtstätigkeit mit dem Spielkomplexmodell von Wilma Ellersiek (Mutter-Kind-Rhythmik) an einer Familienbildungsstätte und Violinunterricht an einer Jugendmusikschule.
1984 bis 1997 Dozentin für die von Wilma Ellersiek entwickelte Vorschulrhythmik an der Hochschule für Musik und Darstellende Kunst Stuttgart. Daneben ständig Durchführung von Rhythmikkursen für Vorschulkinder und Eltern. Begründerin des Vereins: insel – Institut für die Spiele von Wilma Ellersiek e.V. Die Aufgabe des Vereins ist die professionelle Weitergabe der Ellersiek-Spiele in Fort- und Ausbildungen.
Ab 1997 für vier Jahre Mitglied der freien Musikschule «balance – Forum für Musik» in Stuttgart als Lehrkraft für die musikalische Frühförderung (wiederum mit dem Ellersiek-Modell) und für Violine.

Wilma Ellersiek

Wer schleicht heran mit leiser Tatz?

Handgesten- und Bewegungspiele mit Tiermotiven.
Herausgegeben von Ingrid Weidenfeld.
120 Seiten mit Zeichnungen von Friederike Lögters und Fotos von Charlotte Fischer, gebunden.

Die Spiele mit Tiermotiven geben Eltern und Erzieherinnen ein reiches Repertoire an die Hand, das den Kindern die Vielfalt der Tierwelt ohne verzerrende Karikaturen wieder nahebringt.
Die charakteristischen Bewegungen der Tiere werden durch die Handgesten oder die Ganzkörpergebärde dargestellt und in rhythmisch-musikalisch strukturierter Sprache erzählt. Die Tierspiele sind jahreszeitlich unabhängig und können zum langjährigen Begleiter für Kinder bis zum neunten Lebensjahr werden.

DVD mit 17 Spielen, Laufzeit: 26:55 Minuten

Verlag Freies Geistesleben

Wilma Ellersiek

Handgestenspiele, Reigen und Lieder

für Kindergarten und erstes Schulalter.
Frühjahr/Sommer
Herausgegeben von Ingrid Weidenfeld.
167 Seiten mit Zeichnungen von Friederike Lögters und Fotos von Charlotte Fischer, gebunden.

Jedes dieser Handgestenspiele ist ein kleines, Bewegung, Sprache und Musik vereinendes Kunstwerk, und nicht nur die Kinder kommen beim Erleben dieser Spiele ins Staunen, auch der Erwachsene, der sich lernend darum bemüht, kann ein neues Verhältnis zur Natur gewinnen.
Mit diesen Handgestenspielen zu den Jahreszeiten gibt uns Wilma Ellersiek einen reichen Schatz an heiteren Liedern und Spielen, die es dem kleinen Kind ermöglichen, sich intensiv mit den Phänomenen der Natur vertraut zu machen und sich mit ihr zu verbinden.

DVD mit 22 Spielen, Laufzeit: 41:30 Minuten

Verlag Freies Geistesleben

Wilma Ellersiek

Handgestenspiele für die Krippe

Herausgegeben von Ingrid Weidenfeld.
152 Seiten mit Zeichnungen von Friederike Lögters und Fotos von Charlotte Fischer, gebunden.

Dieses Buch bietet eine Zusammenstellung bewährter Handgestenspiele von Wilma Ellersiek für Kinder vom ersten bis zum dritten Lebensjahr. Die Spiele, ursprünglich für Kinder ab drei entwickelt, sind hier gekonnt für die Bedürfnisse der Kleinen angepasst und eingerichtet worden.
Über vierzig solcher Spiele und Lieder hat die Herausgeberin Ingrid Weidenfeld zusammengestellt und für den Einsatz in Kinderkrippen bearbeitet.

Verlag Freies Geistesleben

Wilma Ellersiek

Zwerge, Elfen und andere kleine Wesen

Handgestenspiele für kleine Kinder
Herausgegeben von Ingrid Weidenfeld.
144 Seiten mit Zeichnungen von Friederike Lögters und Fotos von Charlotte Fischer, gebunden.

Die hier vorgestellten Spiele aus dem Bereich der Elementarwesen sind für Erzieherinnen eine willkommene Ergänzung des schon vorhandenen Spieleschatzes von Wilma Ellersiek. In rhythmisch-musikalischen Bewegungsabläufen für Handgesten und Körpergebärden, verbunden mit poetischer Sprache oder Quintenstimmungsliedern, erleben die Kinder hier das Wesenhafte der Gestalten aus der Elementarwelt: Zwerge, Trolle, Elfen, Kobolde und viele mehr – ein intensives körperliches Erleben, das dem späteren seelischen Erleben und dem gedanklichen Verstehen vorausgeht.
Begeistert tauchen die Kinder ein in das Reich der Elementarwesen und werden im Spiel selbst zu Gnom, Wichtel, Riese oder Nixe.

Verlag Freies Geistesleben

Wilma Ellersiek

Hirten- und Königsspiele für den Kindergarten

Herausgegeben von Ingrid Weidenfeld.
174 Seiten mit Zeichnungen von Friederike Lögters und Fotos von Charlotte Fischer, gebunden.

Die Handgesten- und Bewegungsspiele von Wilma Ellersiek bringen Kindern die Sinnhaftigkeit der Welt in Gesten und Sprache nahe. Das Buch enthält Spiele zur Advents- und Weihnachtszeit, die sich für Kindergarten und für die Familie gleichermaßen eignen. Es sind einfache Verwandlungsspiele für Kinder von 3 bis 6 Jahren, in denen eine besondere Rollenaufteilung noch nicht stattfindet. So sind im Verlauf des Spielgeschehens alle Kinder Hirten, Maria, Joseph, die Engel und die Tiere – ein gemeinsames in sich geschlossenes Miteinander-Tun!

Verlag Freies Geistesleben

Wilma Ellersiek

Die tanzende, spielende Hand

Rhythmisch-musikalische Hand- und Fingerspiele
Herausgegeben von Jacqueline Walter
und Ingrid Weidenfeld.
104 Seiten mit Zeichnungen von Friederike Lögters und Fotos von Charlotte Fischer, gebunden.

Du dummer Tropf, du dummer Tropf, so beschimpfen sich die beiden Zeigefinger als Brüder *Pitz und Potz*. Und dann sind da noch *Flap und Flop*, die beiden Daumen, die sich elegant zum Tanz einfinden.
Bei diesen fröhlichen Spielen für die tanzende, spielende Hand sind die zur Sprache passenden Bewegungen der Hände, Fäuste, Daumen und Zeigefinger besonders wichtig. Sie regen das Sprachzentrum im Gehirn des Kindes an und fördern somit die Sprachentwicklung. Die Spiele, deren Schwerpunkt in der reinen Bewegungsfreude liegt, machen die Urgebärden der Sprache als reines Klangerlebnis erfahrbar, sie werden deshalb von den Kindern besonders geliebt. Auch die Erwachsenen, die mit diesen Spielen von Wilma Ellersiek arbeiten, werden erleben, wie außer den Händen auch die Zunge und schließlich der ganze Mensch vom tanzenden Rhythmus belebt wird.

DVD mit 18 Spielen, Laufzeit: 18:03 Minuten

Verlag Freies Geistesleben